# JAMIE OLIVER

# SIMPLEMENTE

# JAMIE

Fotografías DAVID LOFTUS

Diseño JAMES VERITY

Grijalbo

# CONTENIDO

# ESTOY AQUÍ PARA RECORDARTE CÓMO SACARLE EL MÁXIMO PARTIDO A LA COCINA

Al interesarte por el acto de cocinar y participar en él, estás expresando tu capacidad de elección y la libertad de alimentarte a ti mismo y a los tuyos. Y es esa elección, esa decisión de mantener viva la cocina, la que determinará hacia dónde nos dirigimos con respecto a la alimentación y la agricultura en los próximos cincuenta años, cómo evolucionará y se desarrollará en el futuro.

Tanto si eres muy diestro en la cocina como si estás empezando, quiero darte las recetas —y la confianza— para que cocines más en el día a día, con total soltura.

## EN DEFINITIVA, QUIERO QUE ESTE LIBRO TE INSPIRE A COCINAR

Ahora mismo, se diría que el tiempo es nuestra moneda más valiosa. Ya seas más o menos hábil en la cocina, si vas justo de tiempo tienes que enfocar las comidas de manera inteligente. Comer fuera, pedir para llevar o recalentar algo de la tienda puede ser cómodo, pero también quiero inspirarte para que te metas entre fogones más a menudo… ¡y que lo disfrutes!

La revolución digital ha cambiado radicalmente nuestra forma de acceder a la información. Podemos disponer al momento de montones de recetas e ideas y de inspiración sin fin, y aun así cocinamos menos que nunca. Ahí fuera hay mucho ruido y puede resultar abrumador; además, tal cantidad no siempre va acompañada de la confianza o el control de calidad.

Por eso he escrito este libro: para ayudarte a disfrutar de la simple dicha de cocinar. He tratado de ofrecerte recetas fiables, factibles, divertidas y deliciosas que puedas incorporar a tu ajetreada vida; recetas que te darán opciones y, por tanto, control. A cambio, adquirirás confianza en la cocina, y la idea es que seas más feliz, tengas más salud y ahorres algo de dinero.

## SIGO PENSANDO QUE CUALQUIERA PUEDE APRENDER A COCINAR

Al encontrar recetas que te interesen y se adapten al ritmo de tu semana, hallarás la forma de emprender tu aventura en la cocina (¡o mantenerla!). Por eso el libro consta solo de cinco capítulos, cinco enfoques que te harán todo el trabajo y te cubrirán las espaldas los siete días de la semana:

## RECETAS DE DIARIO
## PARA EL FIN DE SEMANA
## AL HORNO
## RECURRIR A LA DESPENSA
## POSTRES PERFECTOS

Se trata de recetas que pueden adaptarse fácilmente a todo tipo de necesidades. Y me he asegurado de que sean nutritivas y deliciosas, para que podáis alimentaros tú y los tuyos sin preocupaciones. Si empiezas a practicar algunos de los consejos, te darás cuenta de que son el trampolín para conseguir unas excelentes comidas y pasar buenos ratos.

## EN LA COCINA PUEDES VIVIR ALGUNOS DE LOS MOMENTOS MÁS FELICES DE TU VIDA

Si este libro te inspira a cocinar o seguir entre fogones, habré hecho bien mi trabajo. Espero que en él encuentres ideas que pasen a formar parte de tus nuevos hábitos culinarios.

## LA DESPENSA ESENCIAL

Como ya ha sido la tónica en mis últimos libros de cocina, doy por hecho que tienes estos cinco ingredientes básicos en la despensa. Se usan a menudo a lo largo del libro y no se incluyen en las listas de ingredientes de cada página. Me refiero a aceite de oliva para cocinar; aceite de oliva virgen extra para aderezar y rematar los platos; vinagre de vino tinto para aportar acidez y equilibrar las marinadas, las salsas y los aliños, y, por supuesto, sal marina y pimienta negra para sazonar al gusto.

## HABLEMOS DE LOS UTENSILIOS

Suelo utilizar siempre los mismos utensilios de cocina, y no son muchos, así que no creas que debes gastarte un dineral para contar con todo lo necesario en la cocina. No requerirás más que un juego de sartenes, un par de cacerolas —una honda y otra poco profunda— y un juego de bandejas de horno. Por supuesto, una tabla de cortar y un buen cuchillo son indispensables casi en cada receta. Un pelador de verduras, un rallador y un mortero resultan fantásticos para crear texturas y resaltar sabores. Un robot de cocina y una batidora siempre serán un plus, sobre todo si tienes poco tiempo.

# RECETAS DE DIARIO

Hablo de cenas fáciles, bocados para preparar en un momento, ingredientes que ahorran tiempo y almuerzos para quienes trabajan desde casa. Una gran selección de recetas que te servirán un martes por la noche, cuando el cansancio ya ha hecho mella y quieres comer algo rápido y sabroso.

# 7 SALSAS SIN COCCIÓN
# PARA PASTA

Las infinitas posibilidades que ofrece la pasta siempre han sido una fuente de inspiración para mí. Con el ajetreo del día a día, poner en la mesa una comida deliciosa en menos de 15 minutos no tiene precio, y por eso he incluido estas siete recetas de salsas para pasta que no requieren cocción. Mientras hierve la pasta, solo tienes que preparar una de estas deliciosas salsas, lo mezclas todo y ya tienes la comida lista. En cuanto les pilles el gusto a las salsas sin cocción, estoy seguro de que pasarán a formar parte de tu recetario.

# PASTA CON PIMIENTOS EN CONSERVA

**¿QUIÉN HABRÍA DICHO QUE UNOS SABORES VERANIEGOS TAN INTENSOS SE PREPARABAN EN UN MOMENTO? ¡LOS NECESITAS EN TU VIDA!**

**PARA 4 PERSONAS**

**12 MINUTOS**

300 g de macarrones

1 manojo de perejil (30 g)

1 diente de ajo

460 g de pimientos rojos asados en conserva

100 g de almendras escaldadas

½-1 cucharadita de copos de guindilla roja seca

150 g de requesón

**1** Cocer la pasta siguiendo las instrucciones del envase.

**2** Triturar el perejil (tallos incluidos) en el vaso de la batidora con suficiente aceite de oliva virgen extra para obtener un aceite verde intenso y verterlo en un tarro limpio.

**3** Pelar el ajo y ponerlo en el vaso de la batidora (no hace falta limpiarlo) junto con los pimientos (incluido el líquido de la conserva), las almendras, los copos de guindilla, 2 cucharadas de aceite de oliva, 1 cucharada de vinagre de vino tinto y la mitad del requesón. Triturar hasta obtener una consistencia muy fina.

**4** Escurrir la pasta, reservando una taza del agua de cocción, y echarla de nuevo en la cazuela. Verter por encima la salsa de pimientos y remover sobre el fuego, diluyendo la consistencia con un poco del agua de cocción si fuera necesario, y sazonar al gusto con sal marina y pimienta negra.

**5** Servir la pasta, repartir por encima el resto del requesón y regarlo con el aceite de perejil al gusto. El aceite sobrante se conserva en la nevera hasta 3 días o se puede congelar en porciones en una cubitera para otras recetas.

| CALORÍAS | GRASAS | GR. SAT. | PROTEÍNAS | CARBOH. | AZÚCAR | SAL | FIBRA |
|---|---|---|---|---|---|---|---|
| 591 kcal | 30,6 g | 4,7 g | 18,4 g | 64,1 g | 7,2 g | 0,2 g | 1,1 g |

# PASTA CON ACEITUNAS NEGRAS

**SI TE GUSTAN LAS ACEITUNAS, ESTA RECETA RÁPIDA, DELICIOSA Y DE SABORES SUTILES ES IDEAL. ¡A DISFRUTAR!**

**PARA 4 PERSONAS**

**11 MINUTOS**

300 g de linguine

1 diente de ajo

200 g de aceitunas negras, sin hueso, y un poco más para servir

4 ramitas de tomillo (limonero, a ser posible)

2 cucharadas de vinagre balsámico

50 g de queso feta

1 Cocer la pasta siguiendo las instrucciones del envase.

2 Pelar el ajo y ponerlo en el vaso de la batidora con las aceitunas, la mitad de las hojas de tomillo, 1 cucharadita de pimienta negra, 6 cucharadas de aceite de oliva y el vinagre balsámico. Triturar hasta obtener una consistencia muy fina.

3 Escurrir la pasta, reservando una taza del agua de cocción, y echarla de nuevo en la cazuela. Verter por encima la salsa de aceitunas (guardar el resto en la nevera hasta 3 días o congelarla en porciones en una cubitera para otras recetas) y mezclar bien, diluyendo la consistencia con un poco del agua de cocción si fuera necesario.

4 Servir en los platos, rociar con 1 cucharada de aceite de oliva virgen extra, desmigar por encima el feta y deshojar el resto del tomillo. Por último, cortar muy finas algunas aceitunas más y repartirlas sobre cada plato.

| CALORÍAS | GRASAS | GR. SAT. | PROTEÍNAS | CARBOH. | AZÚCAR | SAL | FIBRA |
|---|---|---|---|---|---|---|---|
| 541 kcal | 30,3 g | 5,7 g | 11,5 g | 59 g | 5,5 g | 1,7 g | 2,3 g |

# PASTA CON REQUESÓN Y REMOLACHA

**UNA IDEA SORPRENDENTE, DIVERTIDA Y DE COLORES INTENSOS CON LA QUE VARIAR TU REPERTORIO DE RECETAS DE PASTA**

**PARA 4 PERSONAS**

**14 MINUTOS**

300 g de lazos de pasta

30 g de parmesano

1 limón

½ manojo de albahaca (15 g)

280 g de remolacha envasada
    al vacío

100 g de requesón

30 g de nueces sin cáscara
    y sin sal

**1** Cocer la pasta siguiendo las instrucciones del envase.

**2** Rallar fino el parmesano y la piel del limón en el vaso de la batidora, y agregar el zumo de medio limón. Trocear las hojas de albahaca y añadirlas al vaso junto con la remolacha, 1 cucharadita de pimienta negra y 3 cucharadas de aceite de oliva, y triturar hasta obtener una consistencia muy fina.

**3** Escurrir la pasta, reservando una taza del agua de cocción, y echarla de nuevo en la cazuela. Verter por encima la salsa de remolacha y remover sobre el fuego, diluyendo la consistencia con un poco del agua de cocción si fuera necesario, y sazonar al gusto con sal marina y pimienta.

**4** Repartir la pasta entre los platos, agregar el requesón con una cuchara y desmenuzar las nueces por encima. Regarla con el otro medio limón y terminar con un chorrito de aceite de oliva virgen extra si se desea.

| CALORÍAS | GRASAS | GR. SAT. | PROTEÍNAS | CARBOH. | AZÚCAR | SAL | FIBRA |
|---|---|---|---|---|---|---|---|
| 497 kcal | 21,2 g | 5,3 g | 16 g | 64,8 g | 8 g | 0,4 g | 1,4 g |

# PASTA CON GUISANTES Y HIERBAS AROMÁTICAS

**AQUÍ LAS HIERBAS APORTAN EL COLOR Y LOS GUISANTES, EL SABOR. ¡APUESTA POR EL VERDE!**

**PARA 4 PERSONAS**
**11 MINUTOS**

300 g de espirales

320 g de guisantes congelados

12 aceitunas verdes con hueso

4 cucharaditas de alcaparras pequeñas en salmuera

1 manojo grande de hierbas aromáticas frescas (60 g), como albahaca, cebollino, perejil, menta, rúcula

40 g de parmesano y un poco más para servir

**1** Cocer la pasta siguiendo las instrucciones del envase y añadir los guisantes congelados en el último minuto.

**2** Retirar el hueso de las aceitunas y echarlas en el vaso de la batidora junto con las alcaparras, agregar las hierbas troceadas y 4 cucharadas de cada de aceite de oliva virgen extra y agua de cocción de la pasta, rallar fino el parmesano, triturar hasta obtener una textura homogénea y sazonar al gusto con sal marina y pimienta negra.

**3** Escurrir la pasta y los guisantes, reservando una taza del agua de cocción, y echarlos de nuevo en la cazuela. Verter por encima la salsa verde y remover sobre el fuego, diluyendo la consistencia con un poco del agua de cocción si fuera necesario.

**4** Servir y adornar con unas virutas de parmesano si se desea.

| CALORÍAS | GRASAS | GR. SAT. | PROTEÍNAS | CARBOH. | AZÚCAR | SAL | FIBRA |
|----------|--------|----------|-----------|---------|--------|------|-------|
| 502 kcal | 19,9 g | 4,6 g | 18,5 g | 66,4 g | 4 g | 1,3 g | 4,6 g |

# ESPAGUETIS CON SALSA RÁPIDA

**LLEVA INGREDIENTES FRESCOS Y SE PREPARA EN UN SANTIAMÉN. ¡ESTA SALSA NUNCA DEFRAUDA!**

**PARA 4 PERSONAS**

**14 MINUTOS**

300 g de espaguetis

500 g de tomates maduros
de colores variados

50 g de aceitunas verdes
y negras con hueso

50 g de alcaparras pequeñas
en salmuera

½ diente de ajo

½ manojo de albahaca (15 g)

40 g de parmesano, y un poco
más para servir

1 Cocer la pasta siguiendo las instrucciones del envase.

2 Limpiar los tomates y partirlos en cuartos, deshuesar las aceitunas, picarlo todo fino y ponerlo en un bol grande con las alcaparras.

3 Pelar el ajo, rallarlo fino y añadirlo al bol con 4 cucharadas de aceite de oliva, 1 cucharada de vinagre de vino tinto y una pizca de sal marina y pimienta negra. Trocear y agregar las hojas de albahaca (guardando algunas de las más pequeñas para decorar), y mezclar bien.

4 Escurrir la pasta, reservando una taza del agua de cocción, y echarla en el bol del picadillo de tomate. Rallar por encima el parmesano y mezclar bien, diluyendo la consistencia con un poco del agua de cocción si fuera necesario, y sazonar al gusto.

5 Servir, decorar con las hojitas de albahaca reservadas y terminar con algunas virutas más de parmesano si se desea.

| CALORÍAS | GRASAS | GR. SAT. | PROTEÍNAS | CARBOH. | AZÚCAR | SAL | FIBRA |
|---|---|---|---|---|---|---|---|
| 573 kcal | 19,5 g | 4,3 g | 18 g | 86,6 g | 7,5 g | 1,8 g | 4,5 g |

# PASTA CON TOMATES DORADOS

SOLO HAY QUE REALZAR EL SABOR DE UNOS TOMATES SECOS Y TRITURARLOS, UN TRUCO RAPIDÍSIMO Y DELICIOSO

**PARA 4 PERSONAS**
**14 MINUTOS**

300 g de caracolas de pasta

1 diente de ajo

1 cucharadita de orégano seco

½-1 cucharadita de copos
    de guindilla roja seca

280 g de tomates secos
    en conserva de aceite

queso parmesano para servir

**1** Cocer la pasta siguiendo las instrucciones del envase.

**2** Pelar el ajo y ponerlo en el vaso de la batidora junto con el orégano, los copos de guindilla, 1 cucharadita de cada de pimienta negra y vinagre de vino tinto y los tomates secos (incluido el aceite). Triturar hasta obtener una consistencia muy fina, diluyendo con un poco de agua si fuera necesario. Verter la mitad de la salsa en el tarro de la conserva; se guarda en la nevera hasta 3 días o se puede congelar en porciones en una cubitera para otras recetas.

**3** Escurrir la pasta, reservando una taza del agua de cocción, y echarla de nuevo en la cazuela. Verter por encima la salsa de tomate y remover sobre el fuego, diluyendo la consistencia con un poco del agua de cocción si fuera necesario, y sazonar al gusto con sal marina y pimienta.

**4** Repartir la pasta entre los platos y decorar con algunas virutas de parmesano.

| CALORÍAS | GRASAS | GR. SAT. | PROTEÍNAS | CARBOH. | AZÚCAR | SAL | FIBRA |
|---|---|---|---|---|---|---|---|
| 516 kcal | 28,2 g | 3,9 g | 9,6 g | 60,1 g | 3,7 g | 0,5 g | 0,7 g |

# PASTA CON LIMÓN, RÚCULA Y HABAS

**ESTA PASTA, ELEGANTE Y GRATIFICANTE, ES LA FAVORITA DE MIS HIJOS (SIN HABAS, ¡PERO A MÍ ME ENCANTAN!)**

**PARA 4 PERSONAS**
**16 MINUTOS**

300 g de orecchiette

200 g de habas congeladas

1 limón

50 g de parmesano, y un poco
más para servir

20 g de piñones

60 g de rúcula

**1** Cocer la pasta siguiendo las instrucciones del envase y añadir las habas congeladas en los últimos 4 minutos.

**2** Rallar fina la piel del limón en una fuente e incorporar también el zumo. Agregar 2 cucharadas de aceite de oliva virgen extra y el parmesano rallado fino. Machacar un poco los piñones en un mortero e incorporarlos a la fuente.

**3** Escurrir la pasta y las habas, reservando una taza del agua de cocción, y echarlas en la fuente junto con la rúcula. Mezclar bien, diluyendo la consistencia con un poco del agua de cocción si fuera necesario hasta obtener una salsa ligera y cremosa.

**4** Sazonar al gusto con sal marina y pimienta negra, y adornar con unas virutas más de parmesano, si se desea.

| CALORÍAS | GRASAS | GR. SAT. | PROTEÍNAS | CARBOH. | AZÚCAR | SAL | FIBRA |
|---|---|---|---|---|---|---|---|
| 435 kcal | 15,4 g | 3,8 g | 17,1 g | 60,7 g | 2,7 g | 0,8 g | 3,5 g |

# 8 VARIANTES CON SALMÓN

**LOS FILETES DE SALMÓN GUSTAN A TODOS: PRUÉBALOS EN NUEVAS RECETAS PARA QUE NO SE PIERDA LA MAGIA**

**PARA 1 PERSONA
CADA COMBINACIÓN
PREPARACIÓN:
3 MINUTOS CADA UNO
COCCIÓN: 15 MINUTOS**

En cada receta se necesita **1 filete de salmón con piel, sin escamas ni espinas**. Precalentar el horno a 200 °C. Escoger la combinación de sabores que se prefiera de la lista de abajo, frotar bien el salmón por todas las caras con ½ cucharadita de aceite de oliva, prepararlo siguiendo las instrucciones, sazonar con sal marina y pimienta negra y ponerlo en una bandeja forrada con papel de horno. Cocinar 10 minutos o hasta que esté en su punto (o entre 7 y 10 minutos en la freidora de aire a 200 °C). Lo bueno de esta receta es que, tanto si preparas un filete para comer solo como si sois varios, sabes que siempre te quedarán unas combinaciones de sabores deliciosas. Los favoritos de mi familia son estos, ¡pero puedes inventar tu propia receta!

**A** Frotar con una pizca de **polvo de 5 especias orientales**, rebozar con **semillas de sésamo** y cocinar con la piel hacia abajo.

**B** Cortar la piel a lo largo, rellenar con **hojas de hierbas aromáticas frescas** y cocinar con la piel hacia arriba.

**C** Echar unas **hojas de tomillo** por encima, envolver con **jamón serrano** y cocinar con la piel hacia abajo.

**D** Hacer unos agujeritos en el filete, meter **hojas de romero**, **ajo** en láminas y **guindilla**, y cocinar con la piel hacia abajo.

**E** Impregnar con **especias cajún**. Machacar unos **copos de maíz** de desayuno y rebozar el filete con ellos. Cocinar con la piel hacia arriba.

**F** Hacer unos cortes, rellenar con **mozzarella**, poner encima rodajas de **limón**, **anchoas** y **orégano**, y cocinar con la piel hacia abajo.

**G** Poner encima **trigueros en láminas**, **copos de guindilla** y **salvia**, envolver con **panceta** y cocinar con la piel hacia abajo.

**H** Hacer unos cortes, rellenar con **mozzarella**, **pesto** y **albahaca**, y cocinar con la piel hacia abajo.

| CALORÍAS | GRASAS | GR. SAT. | PROTEÍNAS | CARBOH. | AZÚCAR | SAL | FIBRA |
|---|---|---|---|---|---|---|---|
| 306 kcal | 20,4 g | 3,4 g | 31,1 g | 0 g | 0 g | 0,7 g | 0,2 g |

ESTOS VALORES SE HAN CALCULADO SEGÚN LA COMBINACIÓN DE SABORES **A**.

A

B

C

D

E

F

G

H

# HAMBURGUESAS DE PESCADO CON FIDEOS CRUJIENTES

**ESTA IDEA DIVERTIDA Y SORPRENDENTE COMBINA PESCADO Y FIDEOS CON UNA TEXTURA INSOSPECHADA QUE CONQUISTA**

**PARA 2 PERSONAS**

**18 MINUTOS**

1 nido de fideos de arroz finos
(50 g)

½ manojo de cilantro (15 g)

2 filetes de pescado blanco
(de 150 g cada uno),
sin piel ni espinas

1 cucharada de semillas
de sésamo

1 huevo

1 limón

60 g de orejones
de albaricoque

2 cucharaditas de pasta
de harissa

**1** En un bol, aplastar y trocear los fideos, cubrirlos con agua hirviendo y dejar que se rehidraten 3 minutos. Después escurrirlos, estrujar el exceso de líquido y devolverlos al bol.

**2** Sobre una tabla, picar fino casi todo el cilantro, reservando algunas hojas para decorar; encima del cilantro picar el pescado (dejar algunos trozos gruesos y el resto muy fino) y pasarlo todo al bol de los fideos junto con las semillas de sésamo.

**3** Cascar el huevo en el bol, rallar fina la piel de medio limón, añadir una pizca de sal marina y pimienta negra, y mezclarlo todo bien. Dividir en 4 partes y, con las manos húmedas, formar hamburguesas de 2 cm de grosor.

**4** Poner una sartén antiadherente grande a fuego medio-alto y, cuando esté caliente, añadir una capa fina de aceite de oliva. Freír las hamburguesas 3 o 4 minutos por cada lado, o hasta que estén bien doradas y cocidas, y escurrir sobre papel de cocina.

**5** Con la batidora, triturar los orejones y la harissa con el zumo de medio limón y 60 ml de agua hirviendo hasta obtener una textura homogénea, sazonar al gusto y repartir en dos platos con una cuchara. Colocar en ellos las hamburguesas de pescado crujientes, trocear por encima las hojas de cilantro restantes y servir con cuñas de limón para exprimirlas por encima.

| CALORÍAS | GRASAS | GR. SAT. | PROTEÍNAS | CARBOH. | AZÚCAR | SAL | FIBRA |
|----------|--------|----------|-----------|---------|--------|-----|-------|
| 416 kcal | 13,7 g | 2,3 g | 34 g | 40,1 g | 13,7 g | 1,1 g | 2,8 g |

# HAMBURGUESAS DE PESCADO A BASE DE LATAS

**SACA UNAS LATAS, PONTE A AMASAR Y EN UNOS MINUTOS PODRÁS EMPEZAR A FREÍR UNOS BOCADOS INCREÍBLES**

**PARA 4 PERSONAS**
**20 MINUTOS**

100 g de pan

1 lata (de 567 g) de patatas
nuevas peladas

30 g de queso cheddar

1 limón

1 huevo grande

1 cucharadita colmada de
mostaza inglesa

1 lata (de 400 g) de atún
al natural

1 lata (de 200 g) de maíz dulce
en conserva

harina para espolvorear

**1** Poner el pan bajo un chorro de agua fría hasta que esté bien empapado y luego estrujarlo para escurrir toda el agua posible.

**2** Trocear el pan en un bol grande, secar las patatas y añadirlas, estrujándolas sobre la marcha, rallar grueso el queso e incorporarlo, rallar fina la piel del limón, agregar el huevo y la mostaza, sazonar con sal marina y pimienta negra y mezclar bien.

**3** Escurrir el atún y el maíz y agregarlos al bol. Una vez bien mezclada, dividir la masa en 8 porciones iguales, espolvorear bien con harina y formar hamburguesas (se pueden hacer algunas más pequeñas para los niños, si se desea).

**4** Poner una sartén antiadherente grande a fuego medio y, cuando esté caliente, añadir una capa fina de aceite de oliva. Por tandas, freír las hamburguesas 7 minutos o hasta que estén doradas y crujientes, dándoles la vuelta a media cocción, y escurrir sobre papel de cocina.

**5** Servir con una buena ensalada de temporada y unas cuñas de limón para exprimirlas por encima.

**Y EN FREIDORA DE AIRE...**

Aplanar las hamburguesas hasta que tengan 2 cm de grosor, pulverizar generosamente con aceite y cocerlas en una sola capa a 200 °C, en tandas si es necesario, durante 12 minutos o hasta que estén doradas y crujientes, dándoles la vuelta a media cocción.

| CALORÍAS | GRASAS | GR. SAT. | PROTEÍNAS | CARBOH. | AZÚCAR | SAL | FIBRA |
|---|---|---|---|---|---|---|---|
| 383 kcal | 12,9 g | 3,4 g | 26,9 g | 40,1 g | 2,4 g | 1,8 g | 2,1 g |

# ALBÓNDIGAS DE PESCADO CON CHUTNEY DE MANGO

**UNAS ALBÓNDIGAS SOBRE UNA CAMA DE CRUJIENTE PEPINO TE ARREGLARÁN UNA CENA PARA TODA LA FAMILIA**

**PARA 4 PERSONAS**
**COMO ENTRANTE**
**20 MINUTOS**

un trozo de jengibre de 8 cm
    (50 g)

250 g de filetes de pescado
    blanco, sin piel ni espinas

250 g de arroz basmati cocido

50 g de crema de coco

1 cucharadita colmada
    de mostaza inglesa

1 huevo

1 lima

1 manojo de cilantro (30 g)

aceite vegetal para freír

2 cucharadas colmadas
    de chutney de mango

1 pepino

**1** Pelar el jengibre, picarlo grueso y ponerlo en un robot de cocina con el pescado, el arroz, la crema de coco y la mostaza, cascar el huevo y añadir una pizca de sal marina y pimienta negra. Rallar fina la piel de la lima, echarla al robot con casi todas las hojas de cilantro (reservando algunas bonitas) y triturar hasta que esté bien mezclado.

**2** Dividir la masa en 16 porciones iguales y, con las manos húmedas, darles forma de bola. Verter 1 cm de aceite vegetal en una sartén grande y resistente a fuego medio-alto y, cuando esté caliente, freír las albóndigas entre 8 y 10 minutos, o hasta que estén doradas y bien cocidas, dándoles la vuelta de vez en cuando y trabajando en tandas si es necesario.

**3** En un bol grande, diluir el chutney de mango con un poco de agua. En cuanto las albóndigas estén listas, utilizar una espumadera para pasarlas por el chutney y que queden bien impregnadas. Cortar el pepino en rodajas finas, aliñarlo con el zumo de la lima y servirlo con las hojas reservadas de cilantro para darle contraste.

### Y EN FREIDORA DE AIRE...

Pasar las albóndigas por un poco de aceite y cocerlas en una sola capa a 200 °C, en tandas si es necesario, durante 12 minutos o hasta que estén doradas y crujientes, dándoles unas vueltas a media cocción.

| CALORÍAS | GRASAS | GR. SAT. | PROTEÍNAS | CARBOH. | AZÚCAR | SAL | FIBRA |
|---|---|---|---|---|---|---|---|
| 279 kcal | 12,3 g | 3,5 g | 16,4 g | 26,9 g | 8,9 g | 1,1 g | 1,1 g |

# ENSALADA RÁPIDA DE CABALLA

**EN SOLO 11 MINUTOS, UNOS INGREDIENTES COTIDIANOS SE CONVIERTEN EN UNA RECETA ELEGANTE Y DELICIOSA**

**PARA 2 PERSONAS**

**11 MINUTOS**

1 limón

2 cucharadas colmadas
de mayonesa

1 cucharadita de mostaza
inglesa

1 lata (de 567 g) de patatas
nuevas peladas

2 cebolletas

160 g de remolacha envasada
al vacío

200 g de espinacas tiernas

2 filetes (de 80 g cada uno)
de caballa ahumada

**1** Partir el limón en cuartos. Mezclar la mayonesa y la mostaza para preparar un aliño rápido, diluir la consistencia con un cuarto del zumo del limón y sazonar al gusto con sal marina y pimienta negra.

**2** Escurrir las patatas y trocearlas, limpiar las cebolletas, cortarlas en rodajas finas y poner ambas en un bol con la mitad del aliño para preparar una ensalada rápida.

**3** Cortar las remolachas en rodajas (yo uso un cuchillo de corte ondulado para darles un aire retro) y aliñarlas con una cuarta parte del zumo del limón, un poco de vinagre de vino tinto y un chorrito de aceite de oliva virgen extra.

**4** Poner una sartén antiadherente grande a fuego medio con 1 cucharada de aceite de oliva, rehogar las espinacas, sazonar al gusto y repartirlas entre los platos.

**5** Pasar un papel de cocina por la sartén para limpiarla, ponerla a fuego lento, cocer la caballa con la piel hacia abajo durante 2 minutos, darle la vuelta y cocer 1 minuto más.

**6** Emplatar la ensalada de patata y las remolachas, poner la caballa encima de las espinacas y verter el resto del aliño con una cuchara. Servir con unas cuñas de limón para exprimirlas por encima.

| CALORÍAS | GRASAS | GR. SAT. | PROTEÍNAS | CARBOH. | AZÚCAR | SAL | FIBRA |
|----------|--------|----------|-----------|---------|--------|-----|-------|
| 559 kcal | 35,7 g | 5,2 g | 22,3 g | 36,6 g | 11 g | 1,3 g | 1,4 g |

# SUCULENTO SALMÓN AL VAPOR Y EN ESCAMAS

**LA COCCIÓN AL VAPOR ES RÁPIDA Y SALUDABLE, Y DA UN TOQUE FRESCO QUE COMBINA CON ESTE SABROSO ALIÑO**

**PARA 2 PERSONAS**
**15 MINUTOS**

100 g de arroz basmati

2 filetes de salmón (de 150 g
      cada uno), con piel,
      sin escamas ni espinas

1 pak choi

160 g de brócoli bimi

150 g de tirabeques

1 diente de ajo pequeño

un trozo de jengibre de 2,5 cm

1 lima

1 cucharadita de aceite
      de sésamo

2 cucharadas de salsa de soja
      baja en sal

1 cucharada de mermelada
      de guindilla

unas ramitas de hierbas
      aromáticas frescas variadas

**1** Poner el arroz en la base de una vaporera de varios niveles con una pizca de sal marina, llenarla hasta la mitad con agua hirviendo, llevar a ebullición y bajar el fuego a medio. Taparlo y dejarlo 4 minutos exactos.

**2** Mientras, poner los filetes de salmón en el primer nivel de la vaporera con la piel hacia abajo. Partir el pak choi por la mitad y hacerle un hueco junto al salmón. Limpiar el brócoli, cortando los tallos en dos, y ponerlo en el segundo nivel de la vaporera con los tirabeques.

**3** Cuando hayan pasado los 4 minutos del arroz, colocar el cesto tapado del salmón encima, durante 4 minutos y luego situar el del brócoli arriba del todo 4 minutos más, también tapado. El arroz se habrá cocido durante 12 minutos en total y, cuando esté tierno, el salmón y las verduras también estarán al punto.

**4** Pelar el ajo y el jengibre, y rallarlos finos en un bol. Añadir la piel rallada y el zumo de la lima. Agregar el aceite de sésamo, la soja y la mermelada de guindilla, y mezclar bien.

**5** Escurrir el arroz, repartirlo entre los platos y disponer las verduras por encima junto con el salmón descamado, desechando la piel. Echar el aliño y trocear las hierbas por encima como toque final.

| CALORÍAS | GRASAS | GR. SAT. | PROTEÍNAS | CARBOH. | AZÚCAR | SAL | FIBRA |
|---|---|---|---|---|---|---|---|
| 567 kcal | 20,2 g | 3,5 g | 42,5 g | 56,6 g | 11,8 g | 1,5 g | 4,4 g |

# 8 ALIÑOS DELICIOSOS

Preparar unos aliños deliciosos no es nada difícil, pero marcan la diferencia a la hora de realzar ensaladas y verduras. Y, además de aportar unos sabores riquísimos y a menudo sorprendentes, los aliños con aceite de oliva —usados con moderación, por supuesto— ayudan a absorber las vitaminas liposolubles de ensaladas y verduras, así que son ventajosos por partida doble. Te enseño ocho de los aderezos que más utilizo, con ideas para sacarles partido de una forma creativa.

# ALIÑO BALSÁMICO

PARA 150 ML | 2 MINUTOS

Poner **1 cucharadita de mostaza de Dijon**, **3 cucharadas de vinagre balsámico** y 9 cucharadas de aceite de oliva virgen extra en un tarro. Añadir las hojas de **1 ramita de tomillo**, poner la tapa y agitarlo bien. Sazonar al gusto con sal marina y pimienta negra. Usar inmediatamente o guardar en la nevera hasta 3 días, agitándolo bien antes de usar.

# ALIÑO DE TAHINI

PARA 180 ML | 3 MINUTOS

Exprimir **1 limón** en un tarro y añadir el triple de aceite de oliva virgen extra. Pelar y rallar en el tarro ½ **diente de ajo**, añadir **75 g de tahini**, poner la tapa y agitarlo bien. Sazonar al gusto con sal marina y pimienta negra, y diluir la consistencia con un poco de agua para que se pueda rociar. Usar inmediatamente o guardar en la nevera hasta 3 días, agitándolo bien antes de usar.

# ALIÑO DE LA CORONACIÓN

PARA 150 ML | 3 MINUTOS

Exprimir **1 lima** en el vaso de la batidora. Quitar las semillas de ½ **guindilla verde** y añadirla junto con las hojas de **4 ramitas de cilantro**, agregar **4 cucharadas de yogur griego**, **1 cucharada de chutney de mango**, **1 cucharadita de cada de curri en polvo y pimentón ahumado** y 2 cucharadas de aceite de oliva, y triturar hasta obtener una textura homogénea. Sazonar al gusto con sal marina y pimienta negra. Usar inmediatamente o guardar en la nevera hasta 3 días, agitándolo bien antes de usar.

# ALIÑO DIOSA VERDE

PARA 250 ML | 4 MINUTOS

Exprimir **2 limas** en el vaso de la batidora y añadir el doble de aceite de oliva virgen extra. Partir **1 aguacate maduro**, retirar el hueso y vaciar la pulpa en el vaso con una cucharilla. Añadir **1 cebolleta** y ½ **guindilla verde**, echar las hojas de **2 ramitas de menta** y **1 cucharada de yogur griego**. Triturar hasta que quede homogéneo. Sazonar al gusto con sal marina y pimienta negra, y diluir la consistencia con un poco de agua para que se pueda rociar. Usar inmediatamente o guardar en la nevera hasta 3 días, agitándolo bien antes de usar.

# ALIÑO DE TOMATE Y PIMIENTO

**PARA 430 ML | 4 MINUTOS**

Poner **1 tomate grande maduro** en el vaso de la batidora con **2 cucharaditas de salsa de rábano picante**, **1 pimiento rojo asado grande en conserva**, 2 cucharadas de vinagre de vino tinto y 6 cucharadas de aceite de oliva virgen extra, y triturar bien. Sazonar al gusto con sal marina y pimienta negra. Usar inmediatamente o guardar en la nevera hasta 3 días, agitándolo bien antes de usar.

# ALIÑO CREMOSO DE FETA

**PARA 200 ML | 3 MINUTOS**

Exprimir **1 limón** en el vaso de la batidora y añadir el triple de aceite de oliva virgen extra, **2 cucharadas de yogur griego**, **30 g de queso feta** y **1 cucharadita de orégano seco**. Triturar hasta que quede homogéneo y cremoso. Sazonar al gusto con sal marina y pimienta negra. Usar inmediatamente o guardar en la nevera hasta 3 días, agitándolo bien antes de usar.

# ALIÑO DE REMOLACHA

**PARA 200 ML | 3 MINUTOS**

Poner en el vaso de la batidora **100 g de remolachas envasadas al vacío** y **4 ramitas de estragón** con 2 cucharadas de vinagre de vino tinto y 9 cucharadas de aceite de oliva virgen extra, y triturar hasta que quede homogéneo. Sazonar al gusto con sal marina y pimienta negra, y diluir la consistencia con un poco de agua para que se pueda rociar. Usar inmediatamente o guardar en la nevera hasta 3 días, agitándolo bien antes de usar.

# VINAGRETA FRANCESA

**PARA 175 ML | 2 MINUTOS**

Pelar **½ diente de ajo** y rallarlo fino en un tarro. Añadir **1 cucharada de mostaza de Dijon**, 3 cucharadas de vinagre de vino tinto y 9 cucharadas de aceite de oliva virgen extra, poner la tapa y agitarlo bien. Sazonar al gusto con sal marina y pimienta negra. Usar inmediatamente o guardar en la nevera hasta 3 días, agitándolo bien antes de usar.

# RICO FALAFEL DE LENTEJAS

**CON UNAS LENTEJAS Y UNOS GARBANZOS EN CONSERVA SE PREPARAN ESTOS BOCADOS DE LO MÁS SABROSOS**

**PARA 4 PERSONAS**
**29 MINUTOS**

1 manojo de eneldo (20 g)

4 cebolletas

1 guindilla roja fresca

75 g de queso feta

50 g de harina

1 cucharadita colmada de
    dukkah

400 g de lentejas en conserva

400 g de garbanzos
    en conserva

1 pepino

½ cebolla roja pequeña

2 limones

½ aliño de tahini (página 42)

**1** Poner el eneldo en un robot de cocina, reservando un par de ramitas para decorar. Limpiar la cebolleta, trocearla, echarla en el robot junto con la guindilla y triturar bien. Agregar el feta, la harina y el dukkah, las lentejas y los garbanzos (una vez escurridos), una pizca de sal marina y pimienta negra y triturar de nuevo hasta que quede homogéneo.

**2** Con las manos húmedas, dividir la mezcla y formar bolas del tamaño de pelotas de golf, aplanándolas ligeramente. Poner una sartén antiadherente grande a fuego medio y, cuando esté caliente, añadir una capa fina de aceite de oliva. Por tandas, freír los falafeles 3 minutos por cada lado, o hasta que estén bien dorados y cocidos, y escurrir sobre papel de cocina.

**3** Pelar el pepino, cortarlo en rodajas finas, pelar y picar fina la cebolla, y aliñar ambos con el zumo de 1 limón, un poco de aceite de oliva virgen extra y sal y pimienta, y repartir esta ensalada entre los platos.

**4** Preparar el aliño de tahini (página 42). Repartir el falafel, rociar por encima la mitad del aliño (guardar el resto en la nevera para otro día), decorar con el resto del eneldo y servirlo con cuñas de limón para exprimirlas por encima.

| CALORÍAS | GRASAS | GR. SAT. | PROTEÍNAS | CARBOH. | AZÚCAR | SAL | FIBRA |
|---|---|---|---|---|---|---|---|
| 453 kcal | 27 g | 5,8 g | 17 g | 36,7 g | 7,6 g | 1,4 g | 5,1 g |

# ENSALADA DE POLLO DE LA CORONACIÓN

**HE AQUÍ UNA ENSALADA SUSTANCIOSA, SACIANTE Y OPTIMISTA CON INTENSOS SABORES E INTERESANTES TEXTURAS**

**PARA 4 PERSONAS**
**23 MINUTOS**

2 cucharadas de almendras fileteadas

425 g de rodajas de piña en su jugo

1 cebolla roja pequeña

2 cogollos de lechuga

4 papadums

1 aliño de la coronación (página 42)

400 g de pollo escalfado deshilachado (página 86)

4 ramitas de cilantro

½ guindilla verde fresca

opcional: curri en polvo

**1** Tostar las almendras en una sartén grande a fuego medio, removiendo con frecuencia, y retirarlas cuando estén doradas. Escurrir la piña (reservar el jugo) y poner las rodajas en la sartén para que se doren y caramelicen por los dos lados.

**2** Pelar la cebolla, cortarla en juliana muy fina y mezclarla con el jugo de piña, 1 cucharada de vinagre de vino tinto y una pizca de sal marina. Reservar para elaborar un encurtido rápido.

**3** Partir las hojas de lechuga para separarlas y disponerlas en una fuente o en platos junto con los papadums troceados.

**4** Preparar el aliño de la coronación (página 42) y añadirle el pollo. Trocear la piña caramelizada, agregarla al aliño anterior y servirlo sobre la lechuga.

**5** Escurrir el encurtido rápido de cebolla y disponerlo por encima, seguido de las almendras fileteadas y las hojas de cilantro. Cortar fina la guindilla, esparcirla, añadir una pizca del curri en polvo, si se desea, y servir.

| CALORÍAS | GRASAS | GR. SAT. | PROTEÍNAS | CARBOH. | AZÚCAR | SAL | FIBRA |
|---|---|---|---|---|---|---|---|
| 399 kcal | 21,1 g | 4,8 g | 32,8 g | 19,8 g | 15,5 g | 1,3 g | 2,9 g |

# ENSALADA DIOSA VERDE

**UNOS INGREDIENTES DE LA DESPENSA Y UN DELICIOSO ALIÑO CONVIERTEN UNA ENSALADA VERDE EN TODO UN PLACER**

**PARA 4 PERSONAS**
**15 MINUTOS**

150 g de pan

1 diente de ajo

280 g de corazones de
    alcachofa en conserva
    de aceite

4 huevos

2 lechugas romanas

200 g de tomates cherry
    maduros

20 g de parmesano, y un poco
    más para servir

2 cucharadas de pipas
    de girasol

½ aliño diosa verde
    (página 42)

4 ramitas de menta

**1** Precalentar el horno a 200 °C. Cortar el pan en trozos de 1 cm, ponerlos en una fuente refractaria pequeña forrada con papel de horno, pelar el ajo, cortarlo fino y añadirlo a la bandeja, rociar con 2 cucharadas de aceite de la conserva de alcachofas, mezclar bien y asar 10 minutos o hasta que esté dorado y crujiente.

**2** Poner a hervir agua con sal en un cazo, añadir los huevos y cocerlos 6 minutos exactos, o al gusto, escurrir y enfriar bajo un chorro de agua fría.

**3** Limpiar y trocear la lechuga y disponerla en una fuente grande. Partir los tomates por la mitad o en cuartos, escurrir las alcachofas, cortarlas en dos y añadir ambos a la fuente.

**4** Rallar fino el queso parmesano sobre los picatostes, echar por encima las pipas y asarlo 3 minutos más.

**5** Elaborar el aliño diosa verde (página 42), verter la mitad en la fuente (guardar el resto en la nevera para otro día) y remover con cuidado para mezclarlo bien.

**6** Pelar los huevos, partirlos en cuartos y disponerlos por encima, esparcir los picatostes crujientes y las pipas, rallar un poco más de parmesano, si se desea, y echar las hojas de menta.

| CALORÍAS | GRASAS | GR. SAT. | PROTEÍNAS | CARBOH. | AZÚCAR | SAL | FIBRA |
|---|---|---|---|---|---|---|---|
| 392 kcal | 27,7 g | 5,8 g | 14,7 g | 21,3 g | 4,2 g | 1,2 g | 5,8 g |

# ENSALADA RÁPIDA AL ESTILO GRIEGO

**LOS GARBANZOS CRUJIENTES AÑADEN OTRA DIMENSIÓN A ESTA ENSALADA CRUJIENTE, DIVERTIDA Y LLENA DE COLOR**

**PARA 2 PERSONAS
COMO PLATO PRINCIPAL O
PARA 4 COMO GUARNICIÓN
17 MINUTOS**

400 g de garbanzos
   en conserva

1 cucharadita rasa de pimentón
   ahumado

1 pepino

320 g de tomates cherry
   maduros de colores
   variados

1 cebolla roja

12 aceitunas negras con hueso

1 manojo de menta y perejil
   (30 g en total)

1 aliño cremoso de feta
   (página 43)

**1** Escurrir los garbanzos, ponerlos en una sartén antiadherente a fuego medio-alto con 1 cucharada de aceite de oliva, una pizca de sal marina y pimienta negra y el pimentón, y saltearlos hasta que estén crujientes, removiendo con frecuencia.

**2** Pelar sin mucho esmero el pepino, partirlo por la mitad a lo largo y desechar las semillas del centro. Cortarlo en rodajas de 1 cm al bies y ponerlo en una fuente bonita.

**3** Partir los tomates por la mitad o en cuartos, pelar la cebolla, cortarla muy fina y añadir ambos a la fuente. Deshuesar y trocear las aceitunas y agregarlas. Deshojar las hierbas y echarlas también.

**4** Elaborar el aliño cremoso de feta (página 43), incorporarlo a la ensalada, probarlo y sazonar al gusto con sal marina y pimienta negra. Dejar reposar la ensalada 5 minutos para que absorba los deliciosos sabores, esparcir por encima los garbanzos crujientes calientes y servir. Está rico acompañado de panes planos.

| CALORÍAS | GRASAS | GR. SAT. | PROTEÍNAS | CARBOH. | AZÚCAR | SAL | FIBRA |
|----------|--------|----------|-----------|---------|--------|-----|-------|
| 444 kcal | 28,7 g | 5,4 g | 13,8 g | 33,8 g | 14 g | 1,5 g | 10,6 g |

ESTOS VALORES SE HAN CALCULADO SEGÚN 2 RACIONES COMO PLATO PRINCIPAL.

# DELICIOSAS VERDURAS DE TEMPORADA

**PARA 4 PERSONAS | 10 MINUTOS**

Tostar **1 cucharada de piñones** en una cazuela a fuego medio hasta que se doren, removiendo a menudo, y reservar. Limpiar **320 g de verduras verdes de temporada**, **como brócoli bimi o judías verdes**; partir por la mitad los tallos de brócoli más gruesos. Echarlos en la olla y añadir agua hirviendo con sal para escaldarlos; calcular 6 minutos para las judías verdes y 3 para el brócoli, o hasta que estén tiernos. Escurrir y dejar que la humedad se evapore. Elaborar el **aliño balsámico** (página 42) y echar 3 cucharadas en las verduras (guardar el resto en la nevera para otro día). Esparcir los piñones tostados. Está delicioso caliente, a temperatura ambiente o frío.

| CALORÍAS | GRASAS | GR. SAT. | PROTEÍNAS | CARBOH. | AZÚCAR | SAL | FIBRA |
|----------|--------|----------|-----------|---------|--------|-----|-------|
| 115 kcal | 9,9 g | 1,3 g | 2,8 g | 3,6 g | 2,9 g | 0,5 g | 2,8 g |

# UNA SENCILLA LECHUGA

**PARA 2-4 PERSONAS | 4 MINUTOS**

Retirar las hojas exteriores más ajadas de **1 lechuga trocadero**, lavarla, sacudirla con cuidado (o centrifugarla), partirla por la mitad y disponerla en un plato. Cortar fino **¼ de manojo de cebollino (5 g)**, trocear **2 cucharadas de nueces sin cáscara y sin sal**, y echar ambos por encima de la lechuga. Elaborar la **vinagreta francesa** (página 43) y añadir 4 cucharadas sobre la lechuga (guardar el resto en la nevera para otro día).

| CALORÍAS | GRASAS | GR. SAT. | PROTEÍNAS | CARBOH. | AZÚCAR | SAL | FIBRA |
|---|---|---|---|---|---|---|---|
| 240 kcal | 24,3 g | 2,9 g | 2,9 g | 2,3 g | 2,1 g | 0,5 g | 1,9 g |

# ENSALADA DE PASTA FÁCIL

**PARA 4 PERSONAS | 14 MINUTOS**

Cocer **300 g de orecchiette** siguiendo las instrucciones del envase, escurrir, pasar por un chorro de agua fría hasta que se enfríe y echar en un bol grande. Mientras, elaborar el **aliño de tomate y pimiento** (página 43). Partir **1 pepino** por la mitad a lo largo, retirar las semillas del centro con una cucharilla y cortarlo en dados de 1 cm. Trocear **100 g de queso feta** en dados del mismo tamaño. Picar gruesas las hojas de ½ **manojo de perejil (15 g)**. Incorporarlo todo al bol de la pasta junto con el aliño, remover con cuidado para que se impregne bien, sazonar al gusto y servir.

| CALORÍAS | GRASAS | GR. SAT. | PROTEÍNAS | CARBOH. | AZÚCAR | SAL | FIBRA |
|----------|--------|----------|-----------|---------|--------|-----|-------|
| 463 kcal | 19,9 g | 5,5 g | 13,8 g | 60,4 g | 5,1 g | 1,5 g | 1,4 g |

# VIBRANTE ENSALADA DE PATATA

**PARA 2 PERSONAS  |  9 MINUTOS**

Cocer **500 g de patatas nuevas**, partiendo por la mitad las más grandes, en una cazuela con agua salada durante 18 minutos, o hasta que estén tiernas. Cuando falten 6 minutos, añadir **2 huevos**. Escurrir las patatas y poner los huevos a enfriar en agua fría. Mientras, cortar en rodajas finas **4 cebolletas** y deshojar **½ manojo de estragón (10 g)**. Elaborar el **aliño de remolacha** (página 43) y mezclarlo con las patatas, la cebolleta y el estragón. Sazonar al gusto. Pelar los huevos, cortarlos en cuartos y disponerlos por encima. Terminar con un chorrito de aceite de oliva virgen extra y pimienta negra si se desea.

| CALORÍAS | GRASAS | GR. SAT. | PROTEÍNAS | CARBOH. | AZÚCAR | SAL | FIBRA |
|----------|--------|----------|-----------|---------|--------|-----|-------|
| 471 kcal | 29,3 g | 5,1 g | 11,6 g | 43,2 g | 5,6 g | 0,4 g | 2,8 g |

# PANZANELLA DE BRÓCOLI CRUJIENTE

**¿TE ABURRE EL MISMO BRÓCOLI DE SIEMPRE? HIÉRVELO, CHÁFALO, REBÓZALO Y ÁSALO HASTA QUE QUEDE CRUJIENTE**

**PARA 2 PERSONAS**
**33 MINUTOS**

1 brócoli (375 g)

40 g de parmesano

100 g de pan de ajo

½ cebolla roja

½ guindilla roja fresca

1 cucharadita de alcaparras
   pequeñas en salmuera

300 g de tomates maduros
   de colores variados

4 aceitunas negras con hueso

½ manojo de albahaca (15 g)

**1** Precalentar el horno a 190 °C. Pelar la parte exterior más dura del tallo del brócoli y partir la cabeza por la mitad a través del tallo. Escaldarlo en una cazuela grande de agua hirviendo con sal, tapado, 2 minutos. Escurrir, dejar que la humedad se evapore y, con la base de la cazuela, aplastar cada mitad con cuidado hasta que tenga unos 2 cm de grosor.

**2** Forrar una fuente refractaria con papel de horno, untarla con un poco de aceite de oliva y rallar fino la mitad del parmesano formando una capa uniforme, de manera que se cubra el suficiente espacio en la bandeja para poner las mitades de brócoli encima, con el corte hacia abajo. Rallar el resto del parmesano cubriendo generosamente el brócoli y asarlo durante 20 minutos, o hasta que esté dorado y crujiente. Hornear el pan de ajo a un lado.

**3** Pelar la cebolla, cortarla fina junto con la guindilla y ponerlas en un bol con las alcaparras. Partir los tomates por la mitad o en cuartos, deshuesar y trocear las aceitunas y añadir ambos al bol. Esparcir por encima casi todas las hojas de albahaca, reservando algunas para decorar, y aliñar con 1 cucharada de vinagre de vino tinto y 2 cucharadas de aceite de oliva virgen extra. Dejar marinar.

**4** Cuando el pan esté cocido, cortarlo en trocitos, mezclarlo con la ensalada, sazonar al gusto y repartir entre los platos. Darle la vuelta al brócoli, para que se vea la parte crujiente inferior, y ponerlo sobre la ensalada. Echar por encima las hojas de albahaca reservadas y los trocitos de parmesano crujiente que queden en la bandeja.

| CALORÍAS | GRASAS | GR. SAT. | PROTEÍNAS | CARBOH. | AZÚCAR | SAL | FIBRA |
|----------|--------|----------|-----------|---------|--------|-----|-------|
| 326 kcal | 33,3 g | 11 g | 21,8 g | 37,4 g | 12,9 g | 1,5 g | 11,5 g |

# BOL DE FIDEOS DE ARROZ DEL REVÉS

**EL CONTRASTE DE UNOS FIDEOS, ARROZ Y VERDURAS CON UNOS CREMOSOS HUEVOS Y ACEITE DE GUINDILLA ES UNA DELICIA**

**PARA 2 PERSONAS**
**18 MINUTOS**

1 nido de fideos de arroz finos (50 g)

aceite de sésamo

1 bolsa (de 320 g) de verduras variadas para saltear

30 g de anacardos sin sal

2 cucharadas de salsa de soja baja en sal

250 g de arroz integral cocido

2 limas

2 huevos

curri en polvo

aceite de guindilla de Sichuan

½ manojo de cilantro (15 g)

**1** Rehidratar los fideos en un bol grande y profundo de 16 cm siguiendo las instrucciones del envase, escurrirlos, volver a ponerlos en el cuenco y mezclarlos con un poco de aceite de sésamo.

**2** Echar las verduras variadas en una sartén antiadherente grande muy caliente con un poco de aceite de oliva y los anacardos y freírlo todo durante 4 minutos o hasta que esté tierno, removiendo con frecuencia. Sazonar al gusto con la soja y a continuación disponer las verduras en el bol, encima de los fideos.

**3** Poner el arroz en la misma sartén junto con el zumo de 1 lima. Cuando esté caliente, formar una capa sobre las verduras y, con una espátula, presionar para compactarlo.

**4** Pasar un papel de cocina por la sartén para limpiarla y volver a ponerla a fuego medio. Echar 2 cucharadas de aceite de oliva, romper los huevos, sazonar con una pizca de sal marina y pimienta negra, y espolvorear el curri en polvo. Freírlos al gusto, echando el aceite caliente por encima con una cuchara.

**5** Darle la vuelta al bol (¡como si fuera un castillo de arena!), disponer encima los huevos fritos especiados, condimentar con aceite de guindilla de Sichuan al gusto y echar por encima las hojas de cilantro. Rociar con el zumo de la otra lima y servir.

| CALORÍAS | GRASAS | GR. SAT. | PROTEÍNAS | CARBOH. | AZÚCAR | SAL | FIBRA |
|----------|--------|----------|-----------|---------|--------|-----|-------|
| 593 kcal | 32,7 g | 5,8 g | 15,8 g | 48,2 g | 8,6 g | 1,8 g | 8,6 g |

# BERENJENA MELOSA AL MISO

**AL HERVIR, COCER AL VAPOR Y FREÍR LA BERENJENA SE CONSIGUE LA TEXTURA MÁS INCREÍBLE. ESTA RECETA ES UNA DELICIA**

**PARA 2 PERSONAS**
**20 MINUTOS**

1 berenjena grande (400 g)

150 g de arroz basmati

2 cucharadas de coco rallado

1 lima

1 cucharada colmada de miso

1 cucharada de salsa de soja
   baja en sal

1 cucharada de miel líquida

1 cucharada de vinagre
   de arroz

1 cucharada de mermelada
   de guindilla

2 cucharadas de semillas
   de sésamo tostadas

ensalada de temporada,
   para acompañar

**1** Partir la berenjena por la mitad a lo largo y ponerla, con la piel hacia arriba, en una cacerola antiadherente grande con 1 cm de agua hirviendo, tapar y hervir 10 minutos.

**2** Colocar el arroz, el coco y una pizca de sal marina en una cacerola con 300 ml de agua hirviendo. Agregar media lima, tapar y cocer a fuego medio durante 12 minutos o hasta que el arroz esté tierno y el agua se haya absorbido.

**3** Destapar la berenjena y dejar que se evapore el agua que quede. Luego añadir 1 cucharada de aceite de oliva y dejarla unos minutos para que se fría y quede crujiente.

**4** Mezclar el miso, la soja, la miel, el vinagre de arroz y la mermelada de guindilla para preparar un glaseado. Darle la vuelta a la berenjena, rociarla con el glaseado y dejar que se fría con la piel hacia abajo a fuego suave durante 3 minutos hasta que esté crujiente. Pasar cada mitad de berenjena a sendos platos, doblarla por la mitad, espolvorear las semillas de sésamo por el lado de la carne y echar por encima con una cuchara el glaseado que quede en la sartén.

**5** Utilizar un tenedor para soltar el arroz y emplatarlo, desechando la lima. Servir con una buena ensalada y cuñas de lima recién cortadas para exprimirlas por encima.

| CALORÍAS | GRASAS | GR. SAT. | PROTEÍNAS | CARBOH. | AZÚCAR | SAL | FIBRA |
|---|---|---|---|---|---|---|---|
| 543 kcal | 17,2 g | 5,9 g | 12 g | 92,1 g | 20,2 g | 1,8 g | 8,5 g |

# POLLO PERFECTO

**PUEDES CONFIAR EN ESTA TÉCNICA PARA CONSEGUIR COLOR, JUGOSIDAD Y UN SABOR PERFECTO. NO FALLA NUNCA**

**PARA 1 PERSONA**
**13 MINUTOS**

1 diente de ajo

1 pechuga de pollo sin piel
   (de 150 g)

1 nuez de mantequilla sin sal

unas ramitas de tomillo

½ limón

**1** Poner una sartén antiadherente a fuego medio-alto y, cuando esté caliente, añadir una capa fina de aceite de oliva; a continuación, chafar el diente de ajo sin pelar y echarlo a la sartén.

**2** Sazonar la pechuga de pollo por ambos lados con sal marina y pimienta negra y, cuando el ajo empiece a chisporrotear, poner el pollo en la sartén, dándole la vuelta cada minuto durante 4 minutos.

**3** Agregar la mantequilla y las ramitas de tomillo, bajar un poco el fuego y dejarlo 1 minuto más por cada lado, o hasta que esté bien cocido por dentro, inclinando la sartén y regándolo por encima con la grasa aromatizada.

**4** Disponer el pollo en una fuente y dejar reposar 2 minutos para que los jugos penetren en la carne. Echar por encima un poco de la grasa de la sartén y añadir un chorrito de zumo de limón.

**5** Cortar el pollo por la mitad al bies, pasarlo a un plato de servir, verter por encima los jugos que hayan quedado en la fuente y servir con una cuña de limón para exprimirla por encima y la guarnición que se prefiera.

| CALORÍAS | GRASAS | GR. SAT. | PROTEÍNAS | CARBOH. | AZÚCAR | SAL | FIBRA |
|---|---|---|---|---|---|---|---|
| 289 kcal | 15,4 g | 6,7 g | 36,1 g | 1,4 g | 0,4 g | 1,2 g | 0,5 g |

# POLLO CON SALSA
# DE GUINDILLA DULCE

**PARA 2 PERSONAS | 10 MINUTOS**

En **2 pechugas de pollo sin piel (de 150 g cada una)** hacer unos cortes en diagonal en ambos sentidos, cada 1 cm y a 1 cm de profundidad. Sazonar con sal marina y pimienta negra y ponerlas en una sartén antiadherente a fuego medio-alto con una capa fina de aceite de oliva y **1 nuez pequeña de mantequilla sin sal**. Voltear cada minuto durante 6 minutos, regándolas con la grasa aromatizada. Apagar el fuego, retirar la grasa, agregar a la sartén **2 cucharadas de salsa de guindilla dulce** y untar bien las pechugas. Reposar 2 minutos. Mientras, limpiar **2 cebolletas**, cortarlas en rodajas e incorporarlas con **1 cucharadita de semillas de sésamo negro**.

| CALORÍAS | GRASAS | GR. SAT. | PROTEÍNAS | CARBOH. | AZÚCAR | SAL | FIBRA |
|----------|--------|----------|-----------|---------|--------|-----|-------|
| 280 kcal | 10,2 g | 3,9 g | 36,5 g | 10,5 g | 9,5 g | 1,4 g | 0,5 g |

# POLLO CON GUISANTES

**PARA 2 PERSONAS | 10 MINUTOS**

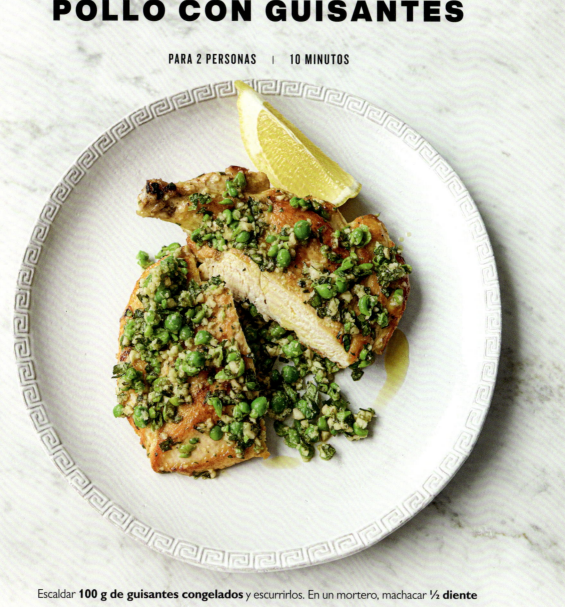

Escaldar **100 g de guisantes congelados** y escurrirlos. En un mortero, machacar **½ diente de ajo pelado** con una pizca de sal marina, **20 g de almendras escaldadas**, **1 manojo de menta (30 g)** y **20 g de parmesano rallado fino**. Incorporar 1 cucharada de aceite de oliva virgen extra y el zumo de **1 limón**, sazonar al gusto, agregar los guisantes y aplastarlos un poco. Golpear **2 pechugas de pollo sin piel (de 150 g cada una)** hasta que tengan 1 cm de grosor. En una sartén antiadherente a fuego alto con 1 cucharada de aceite de oliva, voltearlas cada minuto durante 5 minutos. Reposar 2 minutos. Servir con los guisantes y **cuñas de limón**.

| CALORÍAS | GRASAS | GR. SAT. | PROTEÍNAS | CARBOH. | AZÚCAR | SAL | FIBRA |
|---|---|---|---|---|---|---|---|
| 441 kcal | 25,5 g | 5,4 g | 45,5 g | 7,6 g | 1,8 g | 0,9 g | 2,5 g |

# POLLO ESPECIADO CON ANACARDOS

**PARA 2 PERSONAS | 10 MINUTOS**

Cortar **2 pechugas de pollo sin piel (de 150 g cada una)** en palitos unidos por una parte. Sazonar con sal marina, pimienta negra y **2 cucharaditas de curri en polvo**. En una sartén antiadherente a fuego medio-alto con una capa fina de aceite de oliva, voltearlas cada minuto durante 4 minutos, y luego añadir **1 nuez pequeña de mantequilla** y **30 g de anacardos**, ambos sin sal. Cocinar durante 2 minutos más hasta que estén bien cocidas, regándolas con la grasa aromatizada. Repartir **3 cucharadas de yogur natural** en dos platos, añadir más curri en polvo y colocar el pollo y los anacardos. Echar las hojas de **2 ramas de cilantro**.

| CALORÍAS | GRASAS | GR. SAT. | PROTEÍNAS | CARBOH. | AZÚCAR | SAL | FIBRA |
|----------|--------|----------|-----------|---------|--------|-----|-------|
| 341 kcal | 17,8 g | 5,9 g | 40 g | 5,2 g | 2,3 g | 0,8 g | 0,9 g |

# POLLO CON GREMOLATA DE ACEITUNAS

**PARA 1 PERSONA | 10 MINUTOS**

Tomar **1 pechuga de pollo sin piel (de 150 g cada una)**, hacerle unos cortes a intervalos de 1 cm y a 1 cm de profundidad, y sazonar con sal marina. Ponerla en una sartén antiadherente a fuego medio-alto con una capa fina de aceite de oliva, **1 nuez pequeña de mantequilla sin sal** y **1 diente de ajo chafado sin pelar**. Voltear cada minuto durante 6 minutos, o hasta que esté bien cocida, regándola con la grasa aromatizada. En una tabla, rallar la piel de **½ limón**, añadir **2 ramas de perejil**, **4 aceitunas negras sin hueso** y **½ guindilla roja**. Picarlo todo con el ajo de la sartén y zumo de limón. Mezclar con el pollo, reposar 2 minutos y servir.

| CALORÍAS | GRASAS | GR. SAT. | PROTEÍNAS | CARBOH. | AZÚCAR | SAL | FIBRA |
|----------|--------|----------|-----------|---------|--------|-----|-------|
| 308 kcal | 17,3 g | 6,9 g | 36,6 g | 1,8 g | 1,1 g | 1,3 g | 0,5 g |

# ÑOQUIS RÁPIDOS AL MICROONDAS

**PREPARAR ÑOQUIS CASEROS PARA DOS ES SORPRENDENTEMENTE FÁCIL Y SE PUEDEN COMBINAR DE MIL MANERAS**

## PARA 2 PERSONAS
## 18 MINUTOS

500 g de patatas tipo Maris
Piper

40 g de harina

### SALSA DE PARMESANO

1 nuez de mantequilla sin sal

40 g de parmesano, y un poco
más para servir

1 nuez moscada entera
para rallar

1 Pinchar las patatas con un tenedor, cocerlas en el microondas a máxima potencia (800 W) durante 12 minutos o hasta que estén tiernas, partirlas por la mitad y, con un chafapatatas, sacar la pulpa y guardar las pieles (yo las frío con un poco de aceite de oliva, sal marina y pimienta negra hasta que están crujientes; quedan buenísimas).

2 Machacar las patatas, sazonar al gusto con sal y pimienta e incorporar con cuidado la harina. Amasarla hasta que tenga una textura homogénea y maleable, partirla en dos y formar 2 canutillos largos (de unos 2 cm de grosor). Cortarlos en porciones de 3 cm para elaborar los ñoquis como se ve en las fotos.

3 Cocerlos en una cazuela de agua hirviendo con sal durante 2 minutos. Luego, agregar la salsa escogida (páginas 70 a 73) o seguir el paso 4.

4 Derretir la mantequilla en una sartén antiadherente a fuego medio y, cuando los ñoquis estén cocidos, pasarlos con una espumadera a la sartén, añadiendo un chorrito del agua de cocción si fuera necesario. Rallar fino el parmesano, remover con cuidado hasta obtener una salsa sedosa y cremosa y servir enseguida con nuez moscada rallada al gusto y un poco más de parmesano.

| CALORÍAS | GRASAS | GR. SAT. | PROTEÍNAS | CARBOH. | AZÚCAR | SAL | FIBRA |
|---|---|---|---|---|---|---|---|
| 472 kcal | 21,8 g | 10,3 g | 14,2 g | 59,1 g | 2 g | 0,9 g | 3,9 g |

# ÑOQUIS CARBONARA

**PARA 2 PERSONAS | 6 MINUTOS**

Cortar en tiras **4 lonchas de panceta ahumada** y ponerlas en una sartén antiadherente con un poco de aceite de oliva y una pizca generosa de pimienta negra. En un bol pequeño, batir **1 huevo** con **40 g de queso parmesano o pecorino rallado fino**. Cuando la panceta esté dorada, apagar el fuego y, con una espumadera, añadir los **ñoquis cocidos** (página 68) e impregnarlos con la salsa. Diluir la consistencia de la mezcla de huevo el agua de cocción. Pasados 1½ minutos, cuando la sartén se haya enfriado un poco, verter la mezcla de huevo y remover para crear una salsa suave, rebajando la consistencia con un poco más del agua de cocción.

| CALORÍAS | GRASAS | GR. SAT. | PROTEÍNAS | CARBOH. | AZÚCAR | SAL | FIBRA |
|---|---|---|---|---|---|---|---|
| 449 kcal | 16,8 g | 6 g | 23 g | 59 g | 2 g | 1,6 g | 3,9 g |

# ÑOQUIS PICANTES
# CON SALAMI Y TOMATE

**PARA 2 PERSONAS | 13 MINUTOS**

En una sartén antiadherente a fuego medio con 1 cucharada de aceite de oliva añadir **40 g de salami** en una capa, volteando cuando esté crujiente. Sacarlo a un plato, pelar y picar fino **1 diente de ajo** y freírlo en la grasa de la sartén con **1 pizca de copos de guindilla roja seca** durante 30 segundos. Añadir un **chorrito de vino tinto**, dejar que se evapore casi todo y agregar **1 lata (de 400 g) de tomates pera**, aplastándolos con un pasapurés. Cocinar durante 5 minutos o hasta que espese. Sazonar con pimienta negra y, con una espumadera, añadir los **ñoquis cocidos** (página 68) e impregnarlos con la salsa. Romper por encima el salami.

| CALORÍAS | GRASAS | GR. SAT. | PROTEÍNAS | CARBOH. | AZÚCAR | SAL | FIBRA |
|----------|--------|----------|-----------|---------|--------|-----|-------|
| 473 kcal | 15,4 g | 3,9 g | 13,4 g | 66 g | 7,8 g | 1,5 g | 5,6 g |

# ÑOQUIS CON CALABACÍN, GUISANTES Y MENTA

**PARA 2 PERSONAS | 20 MINUTOS**

Pelar **1 diente de ajo**, cortarlo en láminas finas junto con **1 calabacín** y ponerlos en una sartén antiadherente a fuego medio con 1 cucharada de aceite de oliva y **1 pizca de copos de guindilla roja seca**, removiendo durante 10 minutos o hasta que esté tierno. Añadir casi todas las hojas de **½ manojo de menta (15 g)**, agregar **80 g de guisantes congelados**, cocinar 5 minutos y triturar con la batidora con **2 cucharadas de crème fraîche** y **15 g de parmesano**. Sazonar al gusto, devolver a la sartén y, con una espumadera, añadir los **ñoquis cocidos** (página 68) e impregnarlos con la salsa. Esparcir las hojas restantes de menta.

| CALORÍAS | GRASAS | GR. SAT. | PROTEÍNAS | CARBOH. | AZÚCAR | SAL | FIBRA |
|---|---|---|---|---|---|---|---|
| 454 kcal | 15,3 g | 6 g | 16,1 g | 68,3 g | 3,3 g | 0,7 g | 7,1 g |

# ÑOQUIS CREMOSOS CON CHAMPIÑONES Y AJO

**PARA 2 PERSONAS  |  6 MINUTOS**

Partir **200 g de setas variadas**, pelar y picar finos **2 dientes de ajo**, y ponerlo todo en una sartén antiadherente con 1 cucharada de aceite de oliva y las hojas de **4 ramitas de tomillo**. Agregar 100 ml de agua, dejar que se consuma y freír hasta que empiece a dorarse. Retirar del fuego e incorporar **2 cucharadas de crème fraîche** y un poco del agua de cocción de los ñoquis hasta obtener una salsa sedosa. Dejar con trozos o triturar en la batidora, y sazonar al gusto con pimienta negra y **15 g de parmesano rallado fino**. Con una espumadera, añadir los **ñoquis cocidos** (página 68) e impregnarlos con la salsa.

| CALORÍAS | GRASAS | GR. SAT. | PROTEÍNAS | CARBOH. | AZÚCAR | SAL | FIBRA |
|----------|--------|----------|-----------|---------|--------|-----|-------|
| 410 kcal | 14,8 g | 5,8 g | 12,2 g | 60,8 g | 2,6 g | 0,7 g | 5,2 g |

# SOLOMILLO CON FIDEOS

**ANTES DE COCINAR EL SOLOMILLO, FRÍELO POR EL LADO DE LA GRASA HASTA QUE ESTÉ CRUJIENTE PARA REALZAR LOS SABORES**

**PARA 2 PERSONAS**
**22 MINUTOS**

1 diente de ajo

un trozo de jengibre de 2 cm

½ guindilla roja fresca

2 cucharaditas de salsa de soja
    baja en sal

2 cucharadas de aceite
    de guindilla con sésamo
    y trozos de cacahuete
    (ver consejo en página 112)

½ manojo de cilantro (15 g)

320 g de verduras verdes
    variadas, como brócoli bimi,
    espárragos, tirabeques

1 solomillo de ternera (de 200 g)

2 nidos de fideos de huevo
    (100 g en total)

2 huevos

2 cucharaditas de semillas de
    sésamo tostadas

**1** Pelar el ajo y el jengibre, y rallarlos finos en un bol grande junto con la guindilla. Añadir la salsa de soja y el aceite de guindilla, remover bien y agregar casi todo el cilantro. Limpiar las verduras, partiendo por la mitad los tallos de brócoli más gruesos, y reservar.

**2** Hacer unos cortes en la grasa del solomillo a intervalos de 2 cm, sazonarlo bien con sal marina y pimienta negra y sostenerlo de forma que la grasa esté en contacto con una sartén antiadherente fría. Ponerla a fuego alto para que se derrita y suelte grasa a medida que la sartén se caliente. Cuando la grasa esté dorada y crujiente, colocar el solomillo sobre uno de los lados y freírlo al gusto, dándole la vuelta cada minuto, y dejarlo reposar en una tabla de cortar. Yo lo frío 2 minutos por cada lado para dejarlo al punto.

**3** Cocer los fideos siguiendo las instrucciones del envase. En los últimos 2 minutos, echar al agua hirviendo las verduras para que mantengan el color y la textura crujiente. Freír los huevos al gusto en la sartén del solomillo con la grasa aromatizada que había quedado.

**4** Escurrir las verduras y los fideos, echarlos al bol del aliño, remover para que se impregnen y repartir entre los platos. Esparcir las semillas de sésamo y filetear el solomillo, repartiendo por encima los jugos que hayan quedado en el plato, coronar con los huevos fritos y servir con el resto de las hojas de cilantro por encima.

| CALORÍAS | GRASAS | GR. SAT. | PROTEÍNAS | CARBOH. | AZÚCAR | SAL | FIBRA |
|---|---|---|---|---|---|---|---|
| 539 kcal | 18,1 g | 4,4 g | 48,6 g | 46,4 g | 5,5 g | 1,7 g | 7,7 g |

# CERDO DORADO Y SALSA CREMOSA DE PIMIENTOS

**AL COCERLO RÁPIDO, EL SOLOMILLO DE CERDO QUEDA JUGOSO Y TIERNO, Y LA SALSA LE DA EL TOQUE ESPECIAL**

**PARA 4 PERSONAS**
**24 MINUTOS**

1 cebolla grande

1 diente de ajo

1 manojo de salvia (20 g)

460 g de pimientos rojos
    asados en conserva

300 g de arroz basmati

1 solomillo de cerdo (de 500 g)

1 cucharadita rasa de pimentón
    ahumado, y un poco más
    para espolvorear

150 ml de crema agria,
    y un poco más para servir

1 cucharadita colmada
    de mostaza de textura
    granulada

1 limón

**1** Pelar el ajo y la cebolla y cortarlos en rodajas finas. Poner una sartén antiadherente grande a fuego medio-alto con 2 cucharadas de aceite de oliva, echar las hojas de salvia, freírlas hasta que estén crujientes y sacarlas a un plato.

**2** Agregar la cebolla y el ajo al aceite de la salvia y freír 5 minutos, removiendo con frecuencia y añadiendo un chorrito de aceite si fuera necesario. Agregar luego los pimientos (incluido el líquido de la conserva) y 1 cucharada de vinagre de vino tinto.

**3** Poner el arroz en una cacerola con una pizca de sal marina y 600 ml de agua hirviendo, taparlo y cocer a fuego medio-alto 12 minutos, o hasta que quede esponjoso y el agua se haya absorbido. Cuando esté cocido, reservar sin destapar.

**4** Cortar el solomillo en 4 trozos iguales. Poner uno entre dos hojas de papel de horno y golpearlo con un rodillo para aplanarlo hasta alcanzar ½ cm de grosor. Repetir con los demás y sazonarlos con sal, pimienta negra y pimentón.

**5** Verter todo el contenido de la sartén en el vaso de la batidora, añadir la crema agria, la mostaza y el pimentón, triturar hasta que quede homogéneo y sazonar al gusto.

**6** Pasar un papel de cocina por la sartén para limpiarla y volver a ponerla a fuego alto con 1 cucharada de aceite. Freír los trozos de solomillo 2 minutos por cada lado o hasta que estén dorados y cocidos, por tandas si es necesario.

**7** Utilizar un tenedor para soltar el arroz y servirlo con la salsa, el solomillo, la salvia crujiente y unas cuñas de limón para exprimirlas por encima. Por último, espolvorear una pizca más de pimentón.

| CALORÍAS | GRASAS | GR. SAT. | PROTEÍNAS | CARBOH. | AZÚCAR | SAL | FIBRA |
|---|---|---|---|---|---|---|---|
| 645 kcal | 25,3 g | 8,9 g | 36,2 g | 71,8 g | 7 g | 1,3 g | 2,9 g |

# FILETE CON SALSA DE SETAS

**TIRA LA CASA POR LA VENTANA Y REGÁLATE A TI Y A UN SER QUERIDO UNA CENA ELEGANTE CON ESTA RECETA INFALIBLE**

**PARA 2 PERSONAS**
**25 MINUTOS, MÁS REPOSO**

400 g de patatas Jersey Royal

2 filetes de 150 g de solomillo de ternera (de la parte central), a poder ser de 2 cm de grosor

2 ramitas de romero

2 nueces de mantequilla sin sal

150 g de setas variadas

2 dientes de ajo

1 cucharadita colmada de mostaza de textura granulada

50 ml de brandy

100 ml de nata líquida

40 g de berros

**1** Cocer las patatas en una cazuela de agua hirviendo con sal 15 minutos, o hasta que estén tiernas. Escurrir y dejar que la humedad se evapore.

**2** Poner una sartén antiadherente a fuego alto y, cuando esté caliente, añadir una capa fina de aceite de oliva. Sazonar los filetes con sal marina y pimienta negra y freírlos 2 minutos por cada lado (si se quieren al punto), regándolos con los jugos de la sartén. En el último minuto, echar en la sartén las hojas del romero y 1 nuez de mantequilla. Retirar los filetes a un plato con el romero crujiente, verter por encima algunos de los jugos de la sartén y reservar.

**3** Pasar un papel de cocina por la sartén para limpiarla, trocear las setas y freírlas en seco 3 minutos. Mientras, pelar el ajo, cortarlo en rodajas finas, echarlo en la sartén con un chorrito de aceite y freírlo 1 minuto, o hasta que empiece a dorarse.

**4** Incorporar la mostaza, verter el brandy, inclinar con cuidado la sartén para encenderla con la llama del fuego (o utilizar una cerilla larga) y flambear. Cuando las llamas se reduzcan, apagar el fuego, agregar la nata y dejar que cueza 30 segundos con el calor residual.

**5** Mezclar las patatas con la otra nuez de mantequilla, sazonar y repartir en los platos. Extender la salsa a un lado, cortar y añadir los filetes, regándolos con los jugos que hayan podido soltar, y coronar con los berros, aliñados simplemente con un poco de vinagre de vino tinto, aceite de oliva virgen extra, sal y pimienta.

| CALORÍAS | GRASAS | GR. SAT. | PROTEÍNAS | CARBOH. | AZÚCAR | SAL | FIBRA |
|----------|--------|----------|-----------|---------|--------|-----|-------|
| 645 kcal | 33,3 g | 17,7 g | 39,2 g | 35,3 g | 4,4 g | 1,2 g | 3,1 g |

# SMASH BURGER

**CUANDO TENGAS ANTOJO DE HAMBURGUESA, ESTA FORMA DE COCINARLA APLASTANDO LA CARNE TE DARÁ LO QUE BUSCAS**

**PARA 1 PERSONA**
**12 MINUTOS**

¼ de una cebolla pequeña

125 g de carne de ternera
  picada

1 cucharadita de especias cajún

1 pan de hamburguesa

kétchup

2 pepinillos

mostaza americana
  para acompañar

1 tomate

1 puñado de hojas de ensalada
  variada

**1** Pelar la cebolla, cortarla en rodajas muy finas, deshacerla en aros, saltearla unos minutos en una sartén antiadherente grande con 1 cucharada de aceite de oliva, removiendo con frecuencia, y reservarla a un lado de la sartén.

**2** Aplastar la carne picada, darle la forma aproximada de una hamburguesa de ½ cm de grosor y un poco más grande que el pan, y ponerla en la sartén. Sazonar con pimienta negra y las especias cajún, poner los aros de cebolla encima y, con una espátula, aplastarlos hasta que queden bien integrados en la carne.

**3** Asar 2 minutos por cada lado, o hasta que esté caramelizada y bien cocida, y tostar el pan abierto por la mitad a un lado de la sartén durante 1 minuto.

**4** Extender el kétchup en la base del pan, poner la hamburguesa, cortar en rodajitas 1 pepinillo y disponerlas por encima, añadir mostaza al gusto y tapar con el otro pan.

**5** Cortar en rodajas el tomate y el otro pepinillo y servirlos como guarnición con las hojas de ensalada, o bien ponerlo todo dentro de la hamburguesa, como se prefiera.

| CALORÍAS | GRASAS | GR. SAT. | PROTEÍNAS | CARBOH. | AZÚCAR | SAL | FIBRA |
|---|---|---|---|---|---|---|---|
| 579 kcal | 33,3 g | 10,3 g | 32,6 g | 37,3 g | 12,6 g | 1,2 g | 4,2 g |

# PARA EL FIN DE SEMANA

Invierte un poco de tiempo el sábado o el domingo en una receta estrella que apenas requiere esfuerzo. A cambio, tendrás sobras nutritivas y deliciosas que te darán montones de opciones fáciles para comer en el inevitable ajetreo de los días siguientes. Yo preparo estas recetas cada fin de semana sin falta.

# MI POLLO

# ESCALFADO SEMANAL

El pollo escalfado es de lo más fácil de preparar y se ha convertido en parte de la rutina de fin de semana de mi familia. Lo tendrás al fuego en un santiamén y casi te puedes olvidar de él. Nunca sé lo que voy a hacer en los días siguientes, pero tener el pollo cocido y el caldo preparado es muy útil y, por supuesto, también se puede tomar el mismo día. ¡Tú eliges! Anticiparte de esta forma te ahorrará tiempo y dinero (ya que el pollo entero te dará para varias comidas) y lo mejor de todo es que, en cuanto a sabores, puedes combinarlo con lo que quieras. En las páginas siguientes incluyo algunas de mis recetas favoritas, pero no dudes en inventar las tuyas propias. La carne cocida y el caldo aguantan sin problema en la nevera hasta 3 días.

# POLLO SIMPLEMENTE ESCALFADO

**UNA RECETA CON INFINITAS POSIBILIDADES. SIN APENAS INTERVENCIÓN, TENDRÁS COMIDAS FÁCILES PARA VARIOS DÍAS**

**PARA 6 PERSONAS**
(UNOS 600 G DE CARNE / 3 LITROS DE CALDO)
**PREPARACIÓN: 15 MINUTOS**
**COCCIÓN: 1 HORA 30 MINUTOS**

1 pollo entero de 1,5 kg

4 zanahorias

4 ramas de apio

4 dientes de ajo

1 cebolla grande

1 manojo de hierbas aromáticas leñosas (30 g), como romero, tomillo, laurel y orégano

**1** Poner el pollo entero en una cacerola grande con tapa en la que quepa justo.

**2** Lavar, cortar y echar en la cazuela las zanahorias, el apio, la cebolla y los dientes de ajo enteros. Agregar las hierbas con 2 cucharaditas de sal marina y 1 cucharadita de granos de pimienta negra.

**3** Cubrirlo todo con agua fría, asegurándose de que el pollo queda completamente sumergido, llevar casi al punto de ebullición a fuego alto y bajar el fuego de inmediato para que cueza a fuego lento. Cubrir con la tapa sin ajustar del todo y escalfar durante 1 hora y 30 minutos. Pasado ese tiempo, puede tomarse enseguida o dejarlo enfriar en el caldo, listo para prepararlo de cara a la semana siguiente.

**4** Verter el caldo en una jarra. Retirar la piel del pollo, ponerla en un bol pequeño, separar la carne de los huesos y pasarla a un recipiente. Extraer con una cuchara la grasa del caldo y mezclarla con el pollo. Desechar los huesos. Reservar las verduras y exprimir los dientes de ajo para extraerlos de las pieles. Taparlo todo y guardarlo en la nevera, donde se conservará hasta 3 días. El trabajo duro está hecho. Tal vez no parezca muy atractivo, pero ten por seguro que con esta receta conseguirás comidas con mucho sabor y superrápidas.

## LA VERSATILIDAD DE LAS SOBRAS

Aunque viviera solo, haría esta receta. Si te preocupa no consumirlo todo a tiempo, raciónalo y pon los diferentes elementos en el congelador, donde aguantarán hasta 3 meses. Solo hay que descongelarlos antes de usarlos.

| CALORÍAS | GRASAS | GR. SAT. | PROTEÍNAS | CARBOH. | AZÚCAR | SAL | FIBRA |
|----------|--------|----------|-----------|---------|--------|------|-------|
| 277 kcal | 9,8 g | 2,8 g | 38,6 g | 9 g | 5,6 g | 0,9 g | 3,2 g |

# ENSALADA DE INSPIRACIÓN INDIA

**SI NUNCA HAS PROBADO UNA ENSALADA COMO ESTA NO SABES LO QUE TE PIERDES: ALEGRE, VIBRANTE, ¡DELICIOSA!**

**PARA 2 PERSONAS**

**23 MINUTOS**

6 cucharadas de yogur natural

1 cucharada de coco rallado

1 manojo de menta y cilantro
   (30 g en total)

1 lima

150 g de pollo escalfado
   deshilachado (página 86)

40 g de mezcla de aperitivo
   Bombay Mix

40 g de arroz inflado

½ granada

500 g de verduras crujientes
   variadas, como pepino,
   tomates, zanahorias, coliflor

2 cucharadas de lombarda
   encurtida en conserva

½ cucharadita de curri
   en polvo

**1** Elaborar un aliño triturando el yogur, el coco, casi todo el manojo de hierbas y el zumo de la lima en la batidora hasta obtener una textura homogénea, y sazonar al gusto con sal marina y pimienta negra. Si queda demasiado espeso, añadir un chorrito de agua.

**2** Repartir el pollo deshilachado en dos boles junto con el aperitivo Bombay Mix y el arroz inflado. Sosteniendo en la mano la media granada con el corte hacia abajo, golpear el dorso con una cuchara para que todos los granos caigan en los boles.

**3** Limpiar y rallar, cortar en rodajas, picar o pelar las verduras crujientes escogidas para conseguir bocados agradables. Repartirlas en los boles junto con la lombarda encurtida.

**4** Echar por encima el resto de las hierbas aromáticas, espolvorear el curri en polvo y regar con el aliño. Mezclar bien ¡y a comer!

| CALORÍAS | GRASAS | GR. SAT. | PROTEÍNAS | CARBOH. | AZÚCAR | SAL | FIBRA |
|----------|--------|----------|-----------|---------|--------|-----|-------|
| 460 kcal | 18,1 g | 5,9 g | 32,1 g | 43,1 g | 15,2 g | 1,2 g | 7 g |

# CALDO DE POLLO CON FIDEOS

**EN SOLO 10 MINUTOS PUEDES CONFORTARTE CON ESTE BOL CALENTITO, SACIANTE Y SABROSO LLENO DE DELICIAS**

**PARA 1 PERSONA**
**10 MINUTOS**

75 g de fideos gruesos de arroz

300 ml de caldo de pollo
(página 86)

1-2 cucharadas de aceite
de guindilla con sésamo
y trozos de cacahuete
(ver consejo en página 112)

2 cebolletas

2 ramitas de cilantro

100 g de pollo escalfado
deshilachado (página 86)

100 g de verduras crujientes
variadas, como zanahorias,
tirabeques, mini mazorcas
de maíz

salsa de soja baja en sal

½ lima

**1** Cocer los fideos siguiendo las instrucciones del envase, escurrirlos y echarlos en un bol grande caliente.

**2** Volver a poner la cazuela de los fideos vacía al fuego, verter el caldo y llevar a ebullición. Mientras, sazonar los fideos con el aceite de guindilla al gusto. Picar finas las cebolletas y disponerlas sobre los fideos junto con las hojas de cilantro.

**3** Echar el pollo y las verduras crujientes en el caldo (partir el maíz por la mitad a lo largo y cortar en tiras las zanahorias con un pelador, si se usan). Dejarlos 2 minutos o hasta que el pollo esté bien caliente.

**4** Probar el caldo, sazonar al gusto con un poco de salsa de soja y verterlo con un cucharón por encima de los fideos junto con el pollo y las verduras. Agregar un buen chorro de zumo de lima, un poco más de aceite de guindilla, si gusta el sabor intenso, y a comer.

| CALORÍAS | GRASAS | GR. SAT. | PROTEÍNAS | CARBOH. | AZÚCAR | SAL | FIBRA |
|---|---|---|---|---|---|---|---|
| 571 kcal | 12,5 g | 2,7 g | 39,4 g | 72,8 g | 7,9 g | 1 g | 3,8 g |

# EMPANADA DE POLLO CREMOSO Y CEBOLLINO

**ES DIVERTIDA Y RÁPIDA DE PREPARAR, Y QUEDA IMPRESIONANTE SIN NECESIDAD DE COMPLICARSE MUCHO**

**PARA 6 PERSONAS**
**PREPARACIÓN: 10 MINUTOS**
**COCCIÓN: 35 MINUTOS**

450 g de pollo escalfado
  deshilachado y verduras
  (página 86)

1 manojo de cebollino (20 g)

250 ml de crema agria

2 cucharadas de leche
  semidesnatada

2 cucharadas de mostaza
  de textura granulada

2 láminas (de 320 g cada una)
  de hojaldre preparado

1 huevo

2 cucharadas de semillas
  de sésamo

**1** Precalentar el horno a 200 °C. Picar gruesas las verduras escalfadas y ponerlas en un bol con el pollo deshilachado. Cortar en rodajas finas el cebollino y añadirlo al bol junto con la crema agria, la leche, la mostaza y una pizca de sal marina y pimienta negra, y mezclar bien.

**2** Desenrollar una de las hojas de hojaldre sobre el papel del envoltorio y colocarlo en una bandeja de horno; luego, disponer y aplanar el relleno en el centro, dejando un borde de 3 cm en todo el contorno.

**3** Batir el huevo y pintar el borde sin relleno. Desenrollar la otra hoja de hojaldre por encima, retirar el papel del envoltorio que habrá quedado en la parte superior y, con un tenedor, sellar los bordes de la empanada. Pintar todo el hojaldre por encima con más huevo.

**4** Espolvorear las semillas de sésamo, cortar una pequeña cruz en el centro y poner la bandeja a fuego medio sobre la llama del fogón solo 1 minuto para que la base empiece a ponerse crujiente; a nadie le gusta que quede blandurria…

**5** Hornear en el nivel inferior del horno durante 30 minutos o hasta que esté dorada y bien cocida. Queda deliciosa acompañada de una ensalada mixta o verduras de temporada al vapor.

| CALORÍAS | GRASAS | GR. SAT. | PROTEÍNAS | CARBOH. | AZÚCAR | SAL | FIBRA |
| --- | --- | --- | --- | --- | --- | --- | --- |
| 608 kcal | 39,6 g | 19,3 g | 20,9 g | 62,6 g | 4,4 g | 1,6 g | 3,1 g |

# CREMA DE POLLO, PUERRO Y PATATA

**VUELVE A ENAMORARTE DE LAS CREMAS CASERAS CON ESTA VERSIÓN DE LA CLÁSICA DE PATATA Y PUERRO**

**PARA 4 PERSONAS**
**35 MINUTOS**

50 g de piel de pollo sobrante
(página 86)

100 g de pan

1 manojo de perejil (30 g)

500 g de puerros

500 g de patatas

opcional: 150 g de las verduras
escalfadas del pollo
(página 86)

1,2 litros de caldo de pollo
(página 86)

150 g de pollo escalfado
deshilachado (página 86)

75 ml de crema agria

4 cucharaditas de crema
de rábano picante

**1** Cortar en tiras finas la piel sobrante del pollo y freírla hasta que se dore ligeramente en una cazuela grande y honda a fuego medio-alto con 1 cucharada de aceite de oliva. Partir el pan en dados (sin la corteza) y echarlo en la cazuela, remover hasta que se dore y, en el último minuto, trocear 2 ramitas de perejil y añadirlas. Sacarlo todo y dejar la cazuela al fuego.

**2** Limpiar los puerros, dividirlos por la mitad a lo largo y lavarlos. Cortarlos en rodajas finas y poner en la cazuela con un chorrito de agua o caldo. Pelar las patatas, partirlas en trozos pequeños y echarlas a la cazuela sobre la marcha. Si se usan las verduras escalfadas, picarlas y agregarlas también. Cocer durante 15 minutos o hasta que esté tierno, removiendo de vez en cuando y añadiendo chorritos de agua si fuera necesario.

**3** Cubrir con 1 litro de caldo, llevar a ebullición, añadir el pollo y cocinar a fuego lento 5 minutos.

**4** Por tandas, triturar la sopa en una batidora junto con la crema agria hasta obtener una textura homogénea, diluyendo la consistencia con el caldo sobrante si fuera necesario. Sazonar al gusto y repartir tres cuartas partes de la crema en boles.

**5** Triturar la crema sobrante con el resto del perejil y la crema de rábano, e incorporar esta crema de color verde vivo en los boles.

**6** Repartir la piel de pollo crujiente y los picatostes al perejil, añadir una pizca de pimienta negra, echar un chorrito de aceite de oliva virgen extra, si se desea, y servir.

| CALORÍAS | GRASAS | GR. SAT. | PROTEÍNAS | CARBOH. | AZÚCAR | SAL | FIBRA |
|---|---|---|---|---|---|---|---|
| 421 kcal | 17,9 g | 5,6 g | 27,8 g | 38,2 g | 0,8 g | 0,8 g | 2,4 g |

# PAN PLANO CON POLLO DESHILACHADO

**SIEMPRE ME SORPRENDE LO RÁPIDO QUE SE TUESTA EL POLLO COCIDO HASTA QUEDAR CRUJIENTE EN ESTA RECETA LEGENDARIA**

**PARA 1 PERSONA**
**10 MINUTOS**

75 g de pollo escalfado
   deshilachado (página 86)

1 cucharada de semillas
   de sésamo

1 pan plano

1 cucharada colmada de humus

¼ de cogollo de lechuga
   pequeño

un trozo de pepino de 6 cm

2 ramitas de perejil

1 cucharadita de miel líquida

20 g de queso feta

1 cucharada de granos
   de granada

½ limón

**1** Poner el pollo (y unas tiras de la piel sobrante del pollo, si se tiene) en una sartén antiadherente a fuego alto con ½ cucharada de aceite de oliva y una pizca de sal marina y pimienta negra. Freír 3 minutos hasta que se dore y quede crujiente, añadiendo las semillas de sésamo en el último minuto. Mientras, poner encima el pan plano para calentarlo.

**2** Extender el humus en el pan plano, trocear la lechuga, cortar el pepino en palitos, picar las hojas de perejil y ponerlo todo en el pan.

**3** Verter la miel sobre el pollo y remover para que se impregne bien, esparcirlo por encima del pan, desmenuzar el feta y repartir los granos de granada.

**4** Por último, regar con un poco de aceite de oliva virgen extra, sazonar con sal y pimienta y añadir chorritos de zumo de limón al gusto. Enrollarlo ¡y a disfrutar!

| CALORÍAS | GRASAS | GR. SAT. | PROTEÍNAS | CARBOH. | AZÚCAR | SAL | FIBRA |
|---|---|---|---|---|---|---|---|
| 481 kcal | 25,5 g | 6 g | 34,3 g | 27,5 g | 5,1 g | 1,2 g | 3,9 g |

# CURRI DE POLLO RÁPIDO

**A VECES EL CUERPO PIDE UN CURRI; ESTE SE PREPARA EN UN SANTIAMÉN Y DERROCHA SABOR**

**PARA 4 PERSONAS
20 MINUTOS**

1 cebolla roja

300 g de arroz basmati

2 cucharadas de pasta de curri
con guindilla y ajo
(o la que se prefiera)

1 cucharada de chutney
de mango

300 g de pollo escalfado
deshilachado (página 86)

400 g de garbanzos
en conserva

320 g de espinacas congeladas

320 g de tomates maduros
de colores variados

400 ml de leche de coco ligera

opcional: ½ manojo de cilantro
(15 g)

1 Pelar la cebolla, picarla fina y ponerla en una sartén a fuego medio-alto con 1 cucharada de aceite de oliva, removiendo con frecuencia durante 5 minutos.

2 Poner el arroz en una cacerola con 600 ml de agua hirviendo o el caldo de pollo reservado (página 86) y una pizquita de sal marina, taparlo y cocer a fuego medio-alto 12 minutos, o hasta que el agua se haya absorbido.

3 Echar la pasta de curri y el chutney de mango en la sartén de la cebolla, sofreír 2 minutos y agregar entonces el pollo, los garbanzos escurridos, las espinacas congeladas y los tomates, partidos por la mitad o en cuartos los más grandes. Rehogar 5 minutos, removiendo con frecuencia.

4 Incorporar la leche de coco y cocer a fuego vivo 5 minutos, o hasta que la salsa reduzca a la consistencia deseada, las espinacas se hayan descongelado y el arroz esté cocido. Sazonar el curri al gusto con sal y pimienta negra, servir con el arroz y echar por encima las hojas del cilantro si se usa.

| CALORÍAS | GRASAS | GR. SAT. | PROTEÍNAS | CARBOH. | AZÚCAR | SAL | FIBRA |
|---|---|---|---|---|---|---|---|
| 596 kcal | 14,9 g | 7,1 g | 36,4 g | 82,9 g | 9,3 g | 0,8 g | 5,5 g |

# GUISO DE POLLO, SALCHICHAS Y SETAS

**ESTA RECETA TREMENDAMENTE DELICIOSA LA TENDRÁS LISTA EN LO QUE SE TARDA EN COCER EL ARROZ**

**PARA 2 PERSONAS**
**19 MINUTOS**

150 g de arroz basmati

1 salchicha

160 g de setas variadas

1 cebolla

4 ramitas de tomillo

2 cucharaditas de mostaza
   inglesa

100 ml de nata líquida

150 g de pollo escalfado
   deshilachado (página 86)

100 g de espinacas tiernas

pimienta de Cayena

**1** Poner el arroz en una cacerola con 300 ml de agua hirviendo o el caldo de pollo reservado (página 86) y una pizquita de sal marina, taparlo y cocer a fuego medio-alto 12 minutos, o hasta que el agua se haya absorbido.

**2** Apretar la piel de las salchichas para extraer la carne formando pequeñas albóndigas, ponerlas en una sartén a fuego medio-alto y freírlas en seco 3 minutos.

**3** Trocear las setas, pelar la cebolla, cortarla en juliana muy fina y añadir ambas a la sartén, agregar las hojas del tomillo, echar ½ cucharada de aceite de oliva y freír 5 minutos, o hasta que esté todo tierno y ligeramente dorado, removiendo con frecuencia.

**4** Incorporar la mostaza, la nata y 150 ml de agua o del caldo, seguido del pollo y las espinacas. Bajar el fuego, cocer durante 5 minutos y sazonar el guiso al gusto con sal y pimienta negra. Servir con el arroz y una pizca de pimienta de Cayena.

| CALORÍAS | GRASAS | GR. SAT. | PROTEÍNAS | CARBOH. | AZÚCAR | SAL | FIBRA |
|---|---|---|---|---|---|---|---|
| 842 kcal | 36,6 g | 12,4 g | 43,4 g | 90,6 g | 8,3 g | 1,6 g | 4,6 g |

# SÁNDWICH ABIERTO DE POLLO

**PARA 1 PERSONA | 5 MINUTOS**

Tostar **1 rebanada de pan integral**. Pelar ½ **aguacate maduro** y cortarlo en lonchas finas. Aliñar el aguacate y **1 puñadito de berros** con un buen chorro de **zumo de limón** y un poco de aceite de oliva virgen extra, y sazonar al gusto. Disponer el aguacate sobre el pan tostado. Mezclar **75 g de pollo escalfado deshilachado** (página 86) con **1 cucharada de mayonesa**, un buen chorro de zumo de limón y las hojas picadas de **4 ramitas de estragón**, y sazonar al gusto. Poner encima, añadir los berros y espolvorear **semillas variadas**.

| CALORÍAS | GRASAS | GR. SAT. | PROTEÍNAS | CARBOH. | AZÚCAR | SAL | FIBRA |
|---|---|---|---|---|---|---|---|
| 476 kcal | 32,1 g | 5 g | 25,2 g | 21,4 g | 4,6 g | 1 g | 3,9 g |

# POLLO ENTRE PAN Y PAN

**PARA 1 PERSONA | 5 MINUTOS**

Mezclar **75 g de pollo escalfado deshilachado** (página 86) con **1 cucharada de mayonesa**, **1 cucharadita colmada de pasta de tomates secos** y las hojas picadas de **1 ramita de albahaca**, y sazonar al gusto con sal marina y pimienta negra. Rellenar con esta mezcla el **panecillo** que quieras, junto con unas rodajas de **tomate maduro**, **1 puñadito de tus hojas de ensalada favoritas**, un poco de **queso de cabra** desmigado y un par de hojas más de albahaca. Por último, espolvorear un poco de pimienta negra.

| CALORÍAS | GRASAS | GR. SAT. | PROTEÍNAS | CARBOH. | AZÚCAR | SAL | FIBRA |
|----------|--------|----------|-----------|---------|--------|-----|-------|
| 507 kcal | 25,4 g | 5,6 g | 28,9 g | 40,9 g | 11,2 g | 1,7 g | 4,5 g |

# BOLOÑESA
## PARA VARIOS DÍAS

Vale la pena dedicar algo de tiempo y cariño a cocinar una maravillosa boloñesa, así tienes la comida del día resuelta, y el resto lo divides en porciones y lo congelas para disfrutarlo durante meses. Y las recetas que comparto en estas páginas para que saques partido a las reservas del congelador van más allá de unos espaguetis: son sugerentes comidas y cenas que te dejarán saciado en un abrir y cerrar de ojos.

# BOLOÑESA MEJORADA

**UN RAGÚ MÁS SANO CON CARNE PICADA Y LENTEJAS QUE PUEDES CONGELAR Y APROVECHAR EN UN SINFÍN DE RECETAS**

**PARA 14 RACIONES**
**PREPARACIÓN: 40 MINUTOS**
**COCCIÓN: 2 HORAS**

2 ramitas de romero

4 lonchas de beicon ahumado

250 g de carne de ternera picada

250 g de carne de cerdo picada

2 cebollas

2 zanahorias

2 dientes de ajo

2 ramas de apio

500 g de setas variadas

200 g de concentrado de tomate

2 cucharadas de vinagre balsámico

3 latas (de 400 g cada una)
    de lentejas

3 latas (de 400 g cada una)
    de tomates pera

500 g de costillas de lomo de cerdo

**1** Deshojar el romero y picar finas las hojas. Cortar el beicon en tiras finas y ponerlos ambos en una cazuela grande honda a fuego alto con 4 cucharadas de aceite de oliva, removiendo con frecuencia hasta que empiecen a dorarse.

**2** Incorporar la carne picada y dorarla unos 15 minutos, removiendo con frecuencia y rompiéndola con la cuchara.

**3** Pelar las cebollas, las zanahorias, el ajo y el apio y picarlos finos junto con las setas (yo lo paso todo por un robot de cocina para ir más rápido), echarlo a la cazuela y rehogar 15 minutos más, removiendo con frecuencia.

**4** Incorporar el concentrado de tomate y el vinagre balsámico y, a continuación, echar las lentejas, incluido el líquido de la conserva. Añadir los tomates, llenar de agua las tres latas, moverlas para recoger los restos y verterlas en la cazuela.

**5** Llevar a ebullición, partir las costillas por la mitad y añadirlas. Cocer a fuego medio-bajo durante 2 horas, chafando la salsa de vez en cuando con un pasapurés para que espese y raspando los restos que se hayan pegado en la base de la cazuela.

**6** Sazonar al gusto con sal marina y pimienta negra, retirar los huesos de las costillas, servir la ración que se vaya a consumir y guardar el resto en la nevera (hasta 3 días) o el congelador (hasta 3 meses) para otro día.

## Y SI PREFIERES VEGETARIANO...

Solo tienes que sustituir el beicon, la ternera y el cerdo por carne picada vegetal, saltándote el paso 2 y añadiendo la carne vegetal al principio del paso 4.

| CALORÍAS | GRASAS | GR. SAT. | PROTEÍNAS | CARBOH. | AZÚCAR | SAL | FIBRA |
| --- | --- | --- | --- | --- | --- | --- | --- |
| 225 kcal | 11,6 g | 3,6 g | 17 g | 14,2 g | 5,2 g | 0,2 g | 1,6 g |

# ÑOQUIS AL PESTO CON BOLOÑESA AL HORNO

**LAS COMIDAS EN LAS QUE SOLO HAY QUE MONTAR LOS INGREDIENTES AYUDAN MUCHO. VERÁS COMO, CON ESTA, TRIUNFAS**

**PARA 4 PERSONAS**
**28 MINUTOS**

800 g de boloñesa mejorada
(página 106)

320 g de espinacas congeladas

2 cucharadas de pesto,
y un poco más para servir

400 g de ñoquis de patata

125 g de mozzarella

40 g de parmesano

**1** Precalentar el gratinador a alta temperatura. Poner la boloñesa en una fuente para el horno de 25 cm x 30 cm con las espinacas y calentar a fuego medio sobre las llamas de los fogones durante unos 10 minutos, o hasta que burbujee y las espinacas se hayan descongelado, removiendo de vez en cuando y diluyendo la consistencia con chorritos de agua si hiciera falta.

**2** Incorporar el pesto, echar por encima los ñoquis, esparcir a trozos la mozzarella, rallar fino el parmesano y regar con 1 cucharada de aceite de oliva.

**3** Poner la bandeja bajo el gratinador 12 minutos o hasta que esté dorado y burbujee, y servir con unas cucharaditas más de pesto, si se desea, y un poco de pimienta negra. ¡Comida lista!

| CALORÍAS | GRASAS | GR. SAT. | PROTEÍNAS | CARBOH. | AZÚCAR | SAL | FIBRA |
|---|---|---|---|---|---|---|---|
| 598 kcal | 30 g | 11,4 g | 36,5 g | 46,8 g | 8 g | 1,5 g | 4,3 g |

# PIMIENTOS RELLENOS DE BOLOÑESA

**RELLENAR LOS PIMIENTOS CON BOLOÑESA ES FACILÍSIMO, Y EL RESULTADO TIENE UN ASPECTO Y UN SABOR SUBLIMES**

**PARA 4 PERSONAS**
**33 MINUTOS**

4 pimientos

400 g de boloñesa mejorada
    (página 106)

1 cucharada colmada de pasta
    de harissa

50 g de queso manchego

200 g de tomates cherry
    maduros de colores
    variados

8 aceitunas de colores variados
    con hueso

½ manojo de perejil (15 g)

salsa de guindilla para acompañar

**1** Precalentar el gratinador a alta temperatura. Partir los pimientos por la mitad a lo largo de los tallos, retirar las semillas y untarlos con un poco de aceite de oliva, sal marina y pimienta negra. Ponerlos en una fuente para el horno en la que quepan justos con el lado cortado hacia abajo. Asarlos 5 minutos, darles la vuelta y cocinarlos 5 minutos más.

**2** Recalentar la boloñesa en una cacerola a fuego medio, removiendo de vez en cuando y añadiendo chorritos de agua si fuera necesario para diluir la consistencia. Luego incorporar la harissa.

**3** Repartir la boloñesa entre los pimientos, cortar el queso en lonchas, disponerlas encima y volver a gratinar de 3 a 5 minutos, o hasta que se doren.

**4** Partir los tomates en cuartos, deshuesar y trocear las aceitunas, picar las hojas de perejil y mezclarlo todo con un poco de aceite de oliva virgen extra, vinagre de vino tinto, sal y pimienta. Esparcir la ensalada por encima de los pimientos y servir con un chorrito de salsa de guindilla al gusto. Está bueno acompañado de pan para mojar.

**Y EN FREIDORA DE AIRE...**

Preparar los pimientos según el paso 1 y cocerlos en la freidora de aire a 200 °C durante 10 minutos, en tandas si es necesario, dándoles la vuelta a media cocción. Seguir la receta hasta rellenar los pimientos en el paso 3 y cocinarlos en la freidora de aire de 3 a 5 minutos o hasta que estén dorados.

| CALORÍAS | GRASAS | GR. SAT. | PROTEÍNAS | CARBOH. | AZÚCAR | SAL | FIBRA |
|----------|--------|----------|-----------|---------|--------|-----|-------|
| 273 kcal | 15,8 g | 5,4 g | 15,9 g | 18,1 g | 12,4 g | 1,2 g | 5,6 g |

# FIDEOS PICANTES CON CARNE Y ALUBIAS NEGRAS

CON SOLO AÑADIR UN PAR DE INGREDIENTES, ESTA BOLOÑESA SE TRANSFORMA EN UN RECONFORTANTE MANJAR

**PARA 2 PERSONAS**

**19 MINUTOS**

250 g de boloñesa mejorada
(página 106)

400 g de alubias negras
en conserva

2 cucharadas de aceite de
guindilla con sésamo y
trozos de cacahuete,
y un poco más para servir

320 g de verduras verdes
variadas, como brócoli,
espárragos, pak choi,
tirabeques

150 g de fideos gruesos
de arroz

aceite de sésamo

1 Poner la boloñesa, las alubias (incluido el líquido de la conserva) y el aceite de guindilla en una cazuela pequeña a fuego medio hasta que empiece a burbujear, removiendo de vez en cuando y añadiendo chorritos de agua hasta obtener una consistencia semejante a una sopa.

2 Si se usa pak choi, partirlo a lo largo en cuartos y cortar por la mitad los tallos de brócoli más gruesos. Cocer los fideos siguiendo las instrucciones del envase. Cocinar las verduras al vapor encima de la cazuela de fideos, poniéndolas en un escurridor y tapándolas, o bien escaldarlas por separado.

3 Escurrir los fideos, repartirlos en dos platos hondos con las verduras y aliñarlos con un poco de aceite de sésamo. Luego, echar la boloñesa picante en ambos platos, rociar un poco más de aceite de guindilla, si se desea, y servir.

## CUIDA LOS INGREDIENTES

Vale la pena buscar un aceite de guindilla con sésamo y trozos de cacahuete de calidad (y si además lleva ajo, tanto mejor). Aporta un sabor potentísimo y es capaz de transformar una boloñesa… ¡o cualquier otro plato!

| CALORÍAS | GRASAS | GR. SAT. | PROTEÍNAS | CARBOH. | AZÚCAR | SAL | FIBRA |
|---|---|---|---|---|---|---|---|
| 480 kcal | 16,4 g | 4 g | 32,3 g | 44,6 g | 8,6 g | 0,6 g | 20,9 g |

# SAMOSAS DE HALLOUMI, GUISANTES Y CARNE

**UNA CRUJIENTE PASTA FILO ES EL ENVOLTORIO IDEAL PARA UNA BOLOÑESA CON GUISANTES Y ESPECIAS... ¡SABE A GLORIA!**

**PARA 2 PERSONAS**
**PREPARACIÓN: 18 MINUTOS**
**COCCIÓN: 25 MINUTOS**

200 g de boloñesa mejorada (página 106)

160 g de guisantes congelados

1 cucharada de pasta de curri tikka masala

50 g de queso halloumi

3 hojas de pasta filo

1 cogollo de lechuga pequeño

3 ramitas de cilantro

½ pepino

1 cucharada de granos de granada

**1** Precalentar el horno a 200 °C. Poner la boloñesa en un bol con los guisantes y la pasta de curri, añadir el halloumi rallado y mezclar bien.

**2** Extender las hojas de pasta filo y cortarlas por la mitad a lo largo. A buen ritmo, dividir el relleno en 6 porciones, ponerlas en una esquina de cada hoja, doblar la hoja sobre sí misma varias veces creando un triángulo que envuelva el relleno e ir pintando la pasta filo con aceite de oliva a medida que se avanza.

**3** Colocar las samosas en una bandeja untada con aceite, pintar la parte superior con un poco más de aceite y hornear durante 25 minutos, o hasta que estén doradas y crujientes.

**4** Preparar la ensalada: separar las hojas del cogollo, deshojar el cilantro y trocear el pepino. Agregar los granos de granada, aliñarlo todo con un poco de aceite de oliva virgen extra, vinagre de vino tinto, sal marina y pimienta negra, y servir con las samosas calientes.

## Y EN FREIDORA DE AIRE...

Pintar las samosas con aceite y cocinarlas en una sola capa a 200 °C, en tandas si es necesario, durante 10 minutos o hasta que estén doradas y crujientes.

| CALORÍAS | GRASAS | GR. SAT. | PROTEÍNAS | CARBOH. | AZÚCAR | SAL | FIBRA |
|---|---|---|---|---|---|---|---|
| 536 kcal | 33,2 g | 8,8 g | 27,7 g | 47,2 g | 10,5 g | 1,6 g | 9,6 g |

# CREPES CON BOLOÑESA AL HORNO

**DOS GRANDES ÉXITOS EN CUALQUIER FAMILIA, BOLOÑESA Y CREPES, SE ALÍAN AQUÍ CON UN POCO DE QUESO FUNDIDO**

**PARA 4 PERSONAS**
**PREPARACIÓN: 26 MINUTOS**
**COCCIÓN: 25 MINUTOS**

1 huevo grande

1 taza de harina integral (175 g)

1 taza de leche (350 ml)

500 g de boloñesa mejorada
(página 106)

80 g de queso cheddar

460 g de pimientos rojos
asados en conserva

½ manojo de albahaca fresca
(15 g)

**1** Precalentar el horno a 180 °C. Para elaborar la masa de las crepes, echar el huevo en la harina, batirlo con una pizca de sal marina, incorporar la leche y seguir batiendo hasta que quede una masa fina.

**2** Poner una sartén antiadherente refractaria de 30 cm a fuego medio. Cuando esté caliente, añadir un chorrito de aceite de oliva, echar una cuarta parte de la masa e inclinar la sartén para extenderla. Cocinar durante 2 o 3 minutos, o hasta que empiece a dorarse, por ambas caras. Repetir hasta terminar el resto de la masa e ir disponiendo las crepes en una superficie limpia.

**3** Extender una cuarta parte de la boloñesa en una mitad de cada crepe, y desmigar o rallar por encima el queso. Escurrir los pimientos, trocearlos y añadirlos, picar casi todas las hojas de albahaca y trocearlas por encima, doblar cada crepe en cuartos y volver a ponerlas en la sartén (como se ve en la foto).

**4** Hornear durante 25 minutos o hasta que las crepes estén doradas y crujientes. Servir con el resto de las hojas de albahaca por encima. Está rico acompañado de ensalada.

| CALORÍAS | GRASAS | GR. SAT. | PROTEÍNAS | CARBOH. | AZÚCAR | SAL | FIBRA |
|---|---|---|---|---|---|---|---|
| 448 kcal | 19,5 g | 8,3 g | 27,8 g | 43,3 g | 8,8 g | 5,6 g | 1,2 g |

# PANES CON QUESO Y BOLOÑESA

**A VECES, LAS COSAS SENCILLAS SON LAS MEJORES, COMO ESTOS PANES TOSTADOS QUE REZUMAN QUESO Y BOLOÑESA**

## PARA 4 PERSONAS
## 16 MINUTOS

500 g de boloñesa mejorada
(página 106)

4 bollos de pan crujientes

2 dientes de ajo

4 ramitas de tomillo

100 g de queso camembert

**1** Precalentar el horno a 180 °C. Recalentar la boloñesa en una cacerola a fuego medio, removiendo de vez en cuando y añadiendo un poco de agua si fuera necesario para diluir la consistencia.

**2** Cortar la parte superior de los panes y reservar. Con un cuchillo pequeño, vaciar la miga. Pelar los dientes de ajo y partirlos por la mitad, frotar con el lado cortado el interior de los panes y ponerlos en una fuente para el horno, romper las migas alrededor y colocar también las tapas a un lado.

**3** Cortar fino el ajo y echarlo en la bandeja, tanto dentro de los panes como alrededor, deshojar el tomillo y añadirlo, y regar con 1 cucharada de aceite de oliva. Poner una cuarta parte del queso en cada pan y hornearlos 10 minutos, o hasta que el queso esté derretido y los panes dorados.

**4** Repartir la boloñesa entre los panes, poner las tapas y añadir algunas migas crujientes a modo de picatostes.

### Y EN FREIDORA DE AIRE...

Preparar según las indicaciones anteriores, echando las hojas de tomillo en los panes untados con ajo antes de añadir el queso. Poner los panes, las migas y el ajo en la freidora a 180 °C en una sola capa, en tandas si es necesario. Regar con 1 cucharada de aceite de oliva, cocinar 4 minutos y rellenar los panes con la boloñesa.

| CALORÍAS | GRASAS | GR. SAT. | PROTEÍNAS | CARBOH. | AZÚCAR | SAL | FIBRA |
|----------|--------|----------|-----------|---------|--------|-----|-------|
| 429 kcal | 18,6 g | 7 g | 23,3 g | 44,9 g | 5,8 g | 1,1 g | 3,3 g |

# VERSÁTIL
# PAN DE MAÍZ

Esta es una receta que me encanta, muy fácil de preparar y de lo más gratificante. Una hogaza de maíz, recién salida del horno y ocupando un sitio de honor en el centro de la mesa, siempre hace felices a los comensales. Y no solo eso, sino que se puede utilizar de muchas formas modernas y originales. ¡Con esta receta te vas a divertir!

# PAN DE MAÍZ FACILÍSIMO

**MEZCLA LOS INGREDIENTES, LO METES EN EL HORNO Y LO SIRVES EN LA MISMA SARTÉN: TODO EL SABOR SIN COMPLICARTE**

**PARA MÁS DE 12 PORCIONES**
**PREPARACIÓN: 11 MINUTOS**
**COCCIÓN: 30 MINUTOS**

325 g de maíz dulce
en conserva

215 g de jalapeños en rodajas
en conserva

300 g de requesón

100 ml de leche semidesnatada

300 g de harina de maíz

300 g de harina con levadura

1 cucharadita colmada
de levadura en polvo

4 huevos grandes

1 manojo de cebolletas

100 g de queso cheddar

**1** Precalentar el horno a 200 °C. Verter el maíz y los jalapeños (incluido el líquido de la conserva de ambos) en un bol grande con el requesón, la leche, las dos harinas y la levadura, y cascar los huevos.

**2** Limpiar las cebolletas, cortarlas en rodajas finas y añadirlas. Picar casi todo el cheddar, agregarlo al bol junto con 6 cucharadas de aceite de oliva, sazonar con sal marina y pimienta negra y mezclarlo todo bien.

**3** Pasar la masa a una sartén antiadherente refractaria de 30 cm, distribuirla bien, alisar la parte superior, desmigar el resto del cheddar por encima, regar con un poco más de aceite y hornear 30 minutos o hasta que haya subido y esté dorado.

**4** Se puede tomar caliente, recién sacado del horno, o frío. Se conserva envuelto y en la nevera hasta 3 días.

| CALORÍAS | GRASAS | GR. SAT. | PROTEÍNAS | CARBOH. | AZÚCAR | SAL | FIBRA |
|----------|--------|----------|-----------|---------|--------|------|-------|
| 267 kcal | 13,3 g | 4,3 g | 10,3 g | 28,6 g | 2,1 g | 1,2 g | 1,6 g |

# HUEVOS PASADOS POR AGUA CON BASTONES DE MAÍZ

**5 MINUTOS**

Cortar **bastones de pan de maíz** (página 122) y tostarlos un poco en una sartén antiadherente a fuego medio o en una freidora de aire a 190 °C durante 8 minutos, dándoles la vuelta hasta que estén dorados por todas las caras, y servir con **huevos pasados por agua** para mojar. Me gusta añadir **una loncha o dos de beicon ahumado** a la sartén (o en los últimos 5 minutos en la freidora de aire) para potenciar el sabor.

# QUESO CREMA CON MARMITE Y AGUACATE

## 5 MINUTOS

Tostar una **rebanada de pan de maíz** (página 122) en una sartén antiadherente a fuego medio por ambas caras hasta que se dore ligeramente, untarlas con **queso crema**, añadir unos dados de **aguacate maduro aliñado con lima** y sazonado, y rociar con un poco de aceite de oliva virgen extra y con extracto de levadura **Marmite** al gusto.

# JAMÓN, ENSALADA DE COL Y MOSTAZA

**5 MINUTOS**

Servir una **cuña de pan de maíz** (página 122) recién hecho (o calentarlo en una sartén o en el horno), acompañado de **jamón cocido ahumado**, **mostaza inglesa** y una **ensalada de col con semillas**. Yo suelo picar fina o pelar una combinación de verduras y frutas crujientes como **col**, **zanahoria**, **manzana** y **pera**, lo mezclo con **mayonesa**, **yogur**, un poco de **mostaza** (mucha), aceite de oliva virgen extra y vinagre de vino tinto. Sazonar al gusto e incorporar unas **semillas variadas**.

# PAN DE MAÍZ AL HUEVO

## 8 MINUTOS, MÁS REMOJO

Cortar **una rebanada de pan de maíz** (página 122) y ponerla en remojo 15 minutos en **huevo batido** con un poco de sal, dándole la vuelta una vez. Pasado el tiempo, asar unos **tomates maduros** en una sartén a fuego medio hasta que estén bien dorados; cuando falten un par de minutos, añadir la rebanada de pan y cocinarla por ambos lados. Servir con un **aguacate maduro aliñado con lima**, trocear por encima unas **nueces sin sal**, unas **hojas de menta fresca** y un poco de aceite de oliva virgen extra.

# COLIFLOR CON QUESO SIN COMPLICACIONES

**DESMIGAR EL PAN DE MAÍZ POR ENCIMA HACE QUE LA COLIFLOR ALCANCE COTAS DE SABOR MÁXIMAS**

**PARA 4-6 PERSONAS
COMO GUARNICIÓN
PREPARACIÓN: 10 MINUTOS
COCCIÓN: 50 MINUTOS**

1 coliflor (800 g)

300 ml de nata líquida

1 cucharadita de mostaza
    inglesa

100 g de queso cheddar

100 g de pan de maíz facilísimo
    (página 122)

**1** Precalentar el horno a 180 °C. Retirar las hojas exteriores más marchitas de la coliflor, cortarla en cogollos de 3-4 cm, picar en trozos finos el tallo y ponerlo todo en una fuente para el horno de 25 cm x 30 cm en una sola capa.

**2** Sazonar con 1 cucharada de aceite de oliva y una pizca de sal marina y pimienta negra, y asarlo 40 minutos. Luego sacar la fuente del horno y, con cuidado, chafar la coliflor con un tenedor para desmenuzarla un poco.

**3** Mezclar la nata y la mostaza, sazonar y verter de manera uniforme sobre la coliflor. Rallar fino el queso por encima, desmigar el pan de maíz y hornear 10 minutos más, o hasta que se dore y burbujee.

| CALORÍAS | GRASAS | GR. SAT. | PROTEÍNAS | CARBOH. | AZÚCAR | SAL | FIBRA |
|---|---|---|---|---|---|---|---|
| 399 kcal | 30,1 g | 16,1 g | 16,3 g | 16,9 g | 8 g | 0,9 g | 4 g |

# TORTILLA DE PAN DE MAÍZ CON BEICON AHUMADO

## 6 MINUTOS

Cortar **beicon ahumado** y freírlo con unos **dados de pan de maíz** (página 122) en una sartén antiadherente a fuego medio hasta que se dore. Reservar. Batir **huevos**, sazonar y verter en la sartén, moviéndola para cubrir la base. Echar por encima el pan de maíz y el beicon crujiente, trocear un poco de **queso para derretir, como camembert o brie**, tapar la sartén y bajar el fuego hasta que esté cocido. Ideal con una **ensalada de tomate** para acompañar.

# ENSALADA FRANCESA

Tostar unos **daditos de pan de maíz** (página 122) en una sartén a fuego medio hasta que estén dorados, y poner también a tostar a un lado unas **semillas variadas**. Elaborar rápidamente una **vinagreta francesa** (página 43) y aliñar con ella las **hojas de ensalada** que se prefieran. Echar por encima los dados de pan y las semillas, y servir.

# PASTA ALFREDO

EL PAN DE MAÍZ TOSTADO QUEDA IDEAL PARA ADEREZAR ESTA SALSA CREMOSA PARA PASTA

**PARA 2 PERSONAS**
**16 MINUTOS**

150 g de fettuccine o tagliatelle

1 rebanada de pan de maíz
facilísimo (página 122)

2 dientes de ajo

1 nuez pequeña de mantequilla
sin sal

150 ml de nata líquida

30 g de queso parmesano,
y un poco más para servir

**1** Cocer la pasta siguiendo las instrucciones del envase.

**2** Desmigar el pan de maíz en una sartén a fuego medio con un chorrito de aceite de oliva y tostar hasta que se dore, removiendo con frecuencia. Luego reservarlo en un bol pequeño y dejar la sartén al fuego.

**3** Pelar el ajo, cortarlo en rodajas muy finas y echarlo en la sartén caliente con 1 cucharada de aceite y la mantequilla. Freírlo 2 minutos o hasta que esté tierno, pero no debe llegar a tomar color.

**4** Verter la nata, añadir un cucharón del agua de cocción de la pasta y cocinar a fuego lento hasta que reduzca y se obtenga la consistencia de una salsa sedosa.

**5** Con unas pinzas, pasar la pasta directamente a la sartén, apagar el fuego, rallar fino e incorporar el parmesano, sazonar al gusto con sal marina y pimienta negra, y remover hasta obtener una textura muy cremosa. Si fuera necesario, añadir un poco del agua de cocción de la pasta.

**6** Echar por encima o incorporar los picatostes crujientes y servir con un poco más de parmesano rallado si se desea.

| CALORÍAS | GRASAS | GR. SAT. | PROTEÍNAS | CARBOH. | AZÚCAR | SAL | FIBRA |
|---|---|---|---|---|---|---|---|
| 729 kcal | 40,9 g | 18,3 g | 22,5 g | 72,5 g | 5,4 g | 1 g | 3 g |

# MOZZARELLA Y VERDURAS A LA PLANCHA

## 6 MINUTOS

Romper y desechar los extremos leñosos de unos **espárragos** y asarlos en una plancha caliente con una **rama de tomates cherry maduros** hasta que queden marcados. En el último par de minutos, añadir una **cuña de pan de maíz** (página 122) y asarla ligeramente por ambas caras. También pueden cocinarse los tres ingredientes en una sola capa en la freidora de aire a 190 °C durante 8 minutos, rociando los espárragos y los tomates con aceite y dándole la vuelta al pan a media cocción. Para servir, trocear **mozzarella** y terminar con aceite de oliva virgen extra, **zumo de limón** y sal marina y pimienta negra.

# ENSALADA DE PAN DE MAÍZ CON MANGO Y FETA

**5 MINUTOS**

Tostar unas **rebanadas finas de pan de maíz** (página 122) en una plancha caliente hasta que queden marcadas. Mientras, cortar **pepino**, **rábanos**, **mango maduro** y **queso feta** en trozos de un tamaño similar y aliñarlos con **zumo de lima**, aceite de oliva virgen extra y un poco de sal marina y pimienta negra. Romper por encima el pan tostado, añadir **menta fresca** y **hojas de albahaca**, mezclar bien y servir.

# LANGOSTINOS REBOZADOS CON PAN DE MAÍZ

**CON LANGOSTINOS, TIRAS DE PESCADO, POLLO... EL REBOZADO DE PAN DE MAÍZ OFRECE NUEVAS COTAS DE SABOR**

**PARA 2 PERSONAS**
**14 MINUTOS**

160 g de langostinos pelados crudos

25 g de harina

1 huevo

125 g de pan de maíz facilísimo (página 122) duro

½ limón

100 g de yogur natural

1 cucharada de salsa picante sriracha

1 cogollo de lechuga pequeño

**1** Pasar un cuchillito afilado por el lomo de cada langostino para retirar el hilo intestinal y que se abran en forma de mariposa al cocinarlos. Enharinarlos.

**2** Batir el huevo en un plato hondo. Triturar el pan de maíz y verter el pan rallado en un plato. Pasar los langostinos enharinados por el huevo batido (dejando escurrir el exceso) y rebozarlos con el pan de maíz.

**3** Poner una sartén antiadherente grande a fuego medio-alto y, cuando esté caliente, añadir una capa fina de aceite de oliva. Freír los langostinos 3 minutos, o hasta que estén dorados y bien cocidos, dándoles la vuelta de vez en cuando.

**4** En una fuente, mezclar el zumo del limón con el yogur, sazonar con una pizca de sal marina, repartirlo por la base de la fuente y dibujar unas ondas con la sriracha y unas gotas de aceite de oliva virgen extra.

**5** Separar las hojas de lechuga y servirlo todo junto, mojando los langostinos en la salsa antes de comer. Si se desea, se puede acompañar de panes planos para convertirlo en plato único.

## LA VERSATILIDAD DE LAS SOBRAS

Si queda pan de maíz (página 122) duro, se puede triturar para hacer pan rallado —más fino o más grueso, según se prefiera— y guardarlo en el congelador hasta 3 meses para añadir un extra de sabor a todo tipo de comidas.

| CALORÍAS | GRASAS | GR. SAT. | PROTEÍNAS | CARBOH. | AZÚCAR | SAL | FIBRA |
|---|---|---|---|---|---|---|---|
| 422 kcal | 24,3 g | 5,9 g | 26 g | 26,4 g | 5,2 g | 1,6 g | 2,4 g |

# LA SALSA
## QUE TODOS NECESITAMOS

Me he dado cuenta de que, en casa, a veces se necesita una salsa de tomate base para un sinfín de platos diferentes. Y, en mi opinión, si vas a elaborar una salsa, ¿por qué no hacer una con todo un arcoíris de verduras? Así, tu familia y amigos recibirán más nutrientes, ¡quizá sin que se den cuenta! A continuación incluyo una serie de recetas que sacan el máximo partido de esta salsa de maneras diferentes, de una sencilla sopa a toda una cena elegante.

# SALSA SECRETA DE VERDURAS

**¡PON MÁS VERDURAS EN TU VIDA! ESTA VERSÁTIL Y SABROSA SALSA ES IDEAL PARA TENER RESERVAS EN EL CONGELADOR**

**PARA 20 PORCIONES**
**1 HORA 30 MINUTOS**

2 cebollas rojas

2 zanahorias

2 bulbos pequeños de hinojo

½ apio

2 pimientos rojos

½ calabaza moscada (600 g)

1 cucharadita de romero seco

3 latas (de 400 g cada una)
    de tomates pera

**1** Precalentar el horno a 220 °C. Pelar las cebollas, lavar y limpiar las zanahorias, el hinojo y el apio, retirar las semillas de los pimientos y la calabaza (no hace falta pelarla), y picarlo todo grueso.

**2** Colocar las verduras en una fuente de horno grande de paredes altas y mezclarlas con 2 cucharadas de aceite de oliva, el romero y una pizca de sal marina y pimienta negra.

**3** Tapar bien la fuente con papel de aluminio y asar durante 30 minutos. Luego retirar el papel de aluminio y cocinar 30 minutos más, o hasta que las verduras estén tiernas y caramelizadas.

**4** En tres tandas, triturar una tercera parte de las verduras con una lata de tomates y media de agua (moverla para recoger los restos de tomate), y sazonar al gusto. Se puede dejar una consistencia totalmente fina o con trocitos, al gusto.

**5** Repartir la salsa entre bolsas reutilizables o recipientes. Se conservará en la nevera hasta 3 días o en el congelador hasta 3 meses. ¡Un montón de comidas sabrosas te esperan!

| CALORÍAS | GRASAS | GR. SAT. | PROTEÍNAS | CARBOH. | AZÚCAR | SAL | FIBRA |
|---|---|---|---|---|---|---|---|
| 58 kcal | 1,5 g | 0,2 g | 1,8 g | 10 g | 5,3 g | 0,2 g | 3,2 g |

# SOPA CREMOSA DE TOMATE

**PARA 2 PERSONAS | 10 MINUTOS**

Verter **500 g de la salsa secreta de verduras** (página 140) en una cazuela con 200 ml de agua, ponerlo a fuego medio hasta que se caliente, crear unas ondas con **4 cucharadas de nata líquida** y sazonar al gusto con sal marina y pimienta negra. Mientras se calienta, tostar **2 rebanadas de una hogaza o 4 rebanadas de una barra**, y extender por encima **2 cucharadas del pesto que se prefiera**. Servir con unas hojas de albahaca fresca, si se tienen.

| CALORÍAS | GRASAS | GR. SAT. | PROTEÍNAS | CARBOH. | AZÚCAR | SAL | FIBRA |
|---|---|---|---|---|---|---|---|
| 358 kcal | 14 g | 4,9 g | 10,6 g | 48,6 g | 13,3 g | 1,1 g | 8,3 g |

# PIZZA INFANTIL DE EMERGENCIA

**PARA 1 PERSONA | 9 MINUTOS**

Poner **1 pan plano pequeño o una tortilla de harina** en una bandeja de horno, extender **2 cucharadas de salsa secreta de verduras** (página 140) y trocear por encima **¼ de una bola de mozzarella de 125 g**. Hay que echarles imaginación a los ingredientes y no recargarla mucho: **verduras cortadas finas**, **aceitunas**, **sobras de pollo asado**, **algún pescado en lata o alcaparras** irán bien. Rallar por encima un poco de parmesano y gratinar hasta que el queso se haya derretido.

| CALORÍAS | GRASAS | GR. SAT. | PROTEÍNAS | CARBOH. | AZÚCAR | SAL | FIBRA |
|----------|--------|----------|-----------|---------|--------|-----|-------|
| 293 kcal | 11,1 g | 6 g | 12,4 g | 34,2 g | 6,3 g | 1,2 g | 6,6 g |

# MILANESAS DE BERENJENA Y POLLO

**LA MILANESA ES UN CLÁSICO ITALIANO, Y AL COMBINAR POLLO Y BERENJENA EL PLACER ES DOBLE**

## PARA 2 PERSONAS
## 25 MINUTOS

1 pechuga de pollo sin piel
 (de 150 g)

1 berenjena (de 250 g)

1 huevo

70 g de pan rallado panko

2 cucharadas de harina

150 g de espaguetis

200 g de salsa secreta
 de verduras (página 140)

½ mozzarella de 125 g

2 ramitas de albahaca

½ limón

**1** Con cuidado, partir la pechuga por la mitad para obtener dos filetes planos. Poner encima una hoja de papel de horno y golpear los filetes con un rodillo para que queden tiernos y con 1 cm de grosor. Sazonar con sal marina y pimienta negra. Cortar 4 rodajas de berenjena de ½ cm de grosor (guardar el resto para otro día).

**2** Batir el huevo en un bol hondo. Poner el pan rallado en otro plato. Enharinar el pollo y la berenjena, sumergirlos en el huevo, dejando que se escurra el sobrante, y pasarlos por el pan rallado.

**3** Cocer los espaguetis siguiendo las instrucciones del envase. Mientras, poner 1 cm de aceite de oliva en una sartén antiadherente grande a fuego medio-alto y, cuando esté caliente, freír el pollo y la berenjena durante 3 o 4 minutos por cada lado, o hasta que estén dorados y bien cocidos. Sacarlos a un plato con papel de cocina.

**4** Escurrir la pasta, reservando una taza del agua de cocción. Recalentar rápidamente la salsa secreta de verduras en la cazuela vacía y añadir la pasta. Diluir la consistencia con un chorrito del agua de cocción si fuera necesario y sazonar al gusto.

**5** Servir junto con el pollo y la berenjena rebozados. Como toque final, acompañar de trozos de mozzarella, hojas de albahaca y cuñas de limón para exprimirlas por encima

## Y EN FREIDORA DE AIRE...

Pulverizar aceite en el pollo y la berenjena empanados y cocerlos en una sola capa a 200 °C, en tandas si es necesario, durante 10 minutos o hasta que estén dorados y crujientes, dándoles la vuelta a media cocción y rociando más aceite.

| CALORÍAS | GRASAS | GR. SAT. | PROTEÍNAS | CARBOH. | AZÚCAR | SAL | FIBRA |
|----------|--------|----------|-----------|---------|--------|-----|-------|
| 801 kcal | 28,1 g | 8,1 g | 43,5 g | 99,1 g | 11,5 g | 1,6 g | 6,2 g |

# JUDÍAS CON TOMATE AL ESTILO INGLÉS

**PARA 2 PERSONAS | 9 MINUTOS**

Verter **1 lata de 400 g de alubias blancas tipo cannellini** (incluido el líquido de la conserva) en una sartén a fuego medio con 1 cucharada de aceite de oliva y **200 g de salsa secreta de verduras** (página 140). Calentar a fuego lento 5 minutos, o hasta obtener la consistencia deseada, sazonar al gusto con sal marina y pimienta negra y extender sobre una **tostada caliente con mantequilla**. Rallar **30 g de queso red Leicester** y, como toque final, echar una pizca de **salsa Worcestershire o de extracto de levadura Marmite**.

| CALORÍAS | GRASAS | GR. SAT. | PROTEÍNAS | CARBOH. | AZÚCAR | SAL | FIBRA |
|---|---|---|---|---|---|---|---|
| 369 kcal | 14,7 g | 4,7 g | 16,4 g | 39,3 g | 6,2 g | 0,9 g | 11,4 g |

# HUEVOS AL PLATO RÁPIDOS

**PARA 2 PERSONAS | 10 MINUTOS**

Poner una sartén antiadherente grande a fuego medio con **200 g de salsa secreta de verduras** (página 140), 1 cucharada de aceite de oliva y **100 g de espinacas tiernas**. Cascar **4 huevos** sobre las espinacas, cortar en rodajas **50 g de queso de cabra** y disponerlas por encima, echar un poco de sal marina y pimienta negra, tapar y cocer de 3 a 5 minutos, o hasta que los huevos estén cocidos al gusto. Servir con trozos calientes de **pan crujiente** para mojar.

| CALORÍAS | GRASAS | GR. SAT. | PROTEÍNAS | CARBOH. | AZÚCAR | SAL | FIBRA |
|---|---|---|---|---|---|---|---|
| 270 kcal | 18,1 g | 6,7 g | 18,7 g | 9,7 g | 5,6 g | 1,2 g | 2,6 g |

147

# AROMÁTICA SOPA DE PESCADO PICANTE

**ME ENCANTAN LOS MEJILLONES, SE COCINAN EN UN SANTIAMÉN Y CASAN FENOMENAL CON ESTA SOPA**

**PARA 2 PERSONAS**
**13 MINUTOS**

500 g de mejillones, limpios
   y sin barbas

150 g de filetes de pescado
   blanco, con piel y sin espinas

4 gambas grandes crudas
   sin pelar

½-1 guindilla roja fresca

4 ramitas de cilantro

1 cucharada colmada
   de la pasta de curri
   que se prefiera

200 g de salsa secreta de
   verduras (página 140)

200 g de leche de coco ligera

1 lima

1 Comprobar los mejillones; darles unos pequeños golpes a los que estén abiertos y desechar los que no se cierren. Cortar el filete de pescado a lo largo en 4 tiras iguales. Pelar las gambas, dejando las cabezas y las colas. Luego, pasar la punta de un cuchillo por el lomo y retirar el hilo intestinal. Cortar la guindilla en rodajas finas y deshojar el cilantro.

2 Poner una cazuela grande honda a fuego alto con 1 cucharada de aceite de oliva y la pasta de curri, cocinar 1 minuto e incorporar la salsa secreta de verduras, la leche de coco y los mejillones. Disponer el pescado encima de los mejillones, coronar con las gambas y sazonar con una pizquita de sal marina, rallar fina la piel de media lima y exprimirla por encima. Esparcir la guindilla.

3 Tapar, llevar a ebullición y cocer 4 minutos, o hasta que el pescado y las gambas empiecen a cocerse y los mejillones se hayan abierto y estén jugosos. Retirar los que sigan cerrados.

4 Repartir las hojas de cilantro y servir con cuñas de lima para exprimirlas por encima. Se puede acompañar de pan de gambas o papadums para mojar.

| CALORÍAS | GRASAS | GR. SAT. | PROTEÍNAS | CARBOH. | AZÚCAR | SAL | FIBRA |
|---|---|---|---|---|---|---|---|
| 324 kcal | 15,1 g | 6 g | 33 g | 14,7 g | 6,8 g | 1,8 g | 3,8 g |

# AL HORNO

Llamativas y llenas de sabor, estas deliciosas propuestas siempre funcionan: solo hay que dedicar unos minutos a combinarlo todo y el horno hace el resto. Ya sea entre semana o en fin de semana, te solucionan la comida.

# VERDURAS AL HORNO CON FONDUE DE CAMEMBERT

**TODO SABE MEJOR CON QUESO DERRETIDO Y AQUÍ EL HORNO SACA PARTIDO DE UNAS HUMILDES VERDURAS**

**PARA 6 PERSONAS**
**PREPARACIÓN: 7 MINUTOS**
**COCCIÓN: 55 MINUTOS**

3 boniatos (800 g en total)

3 pimientos de colores variados

3 dientes de ajo

3 cebollas de colores variados

250 g de queso camembert

1 barra de pan

½ manojo de albahaca (15 g)

**1** Precalentar el horno a 200 °C. Frotar los boniatos para limpiarlos y cortarlos en rodajas de 1½ cm de grosor. Quitar las semillas de los pimientos y partirlos en cuñas grandes. Pelar el ajo y cortarlo en rodajas. Ponerlo todo en una fuente para el horno grande con 1 cucharada de cada de aceite de oliva y vinagre de vino tinto y una pizca de sal marina y pimienta negra.

**2** Partir por la mitad las cebollas sin pelar y ponerlas directamente en la rejilla del horno, con el lado cortado hacia abajo. Colocar la fuente de verduras debajo. Asar durante 45 minutos.

**3** Sacar la fuente del horno y, con unas pinzas, pasar las cebollas a la tabla de cortar, retirar las pieles, separarlas en capas y mezclarlas con las demás verduras.

**4** Quitar la corteza de la parte superior del camembert, dejando un borde de 1 cm por todo el contorno, insertarlo en el centro de la fuente, regar con un poco de aceite, sazonar con pimienta negra y hornear 10 minutos más. Calentar a un lado la barra de pan. Deshojar la albahaca por encima ¡y a comer!

| CALORÍAS | GRASAS | GR. SAT. | PROTEÍNAS | CARBOH. | AZÚCAR | SAL | FIBRA |
|---|---|---|---|---|---|---|---|
| 475 kcal | 11,7 g | 6 g | 18,3 g | 74,2 g | 16 g | 1,7 g | 9,8 g |

# SALMÓN DORADO AL MISO

**AL ASAR EL SALMÓN SE REALZAN LOS SABORES Y SE CONSIGUE UNA COMIDA DE LO MÁS RECONFORTANTE**

**PARA 4 PERSONAS**
**23 MINUTOS**

500 g de espárragos

320 g de tirabeques

1 cucharada de miso oscuro

2 cucharadas de salsa de soja
    baja en sal

1 cucharada de aceite
    de sésamo

2 limas

4 filetes de salmón (de 130 g
    cada uno), con piel,
    sin escamas ni espinas

1 cucharada de semillas
    de sésamo

1 zanahoria

2 cebolletas

4 rábanos

4 ramitas de menta fresca

**1** Precalentar el gratinador a alta temperatura. Romper y desechar los extremos leñosos de los espárragos y ponerlos en una fuente para el horno de 25 cm x 35 cm junto con los tirabeques, rociar con 1 cucharada de aceite de oliva y sacudir la bandeja para que se impregne todo.

**2** Mezclar el miso, la salsa de soja y el aceite de sésamo en un bol poco profundo, rallar fina la piel de 1 lima e incorporarla también junto con el zumo para hacer una marinada. Cortar por la mitad a lo largo cada filete de salmón, impregnarlos de la marinada y colocarlos sobre las verduras de la bandeja. Verter por encima la marinada que haya sobrado. Esparcir las semillas de sésamo sobre el conjunto.

**3** Asarlo 12 minutos, o hasta que las verduras estén tostadas y el salmón dorado y en su punto.

**4** Para elaborar un encurtido rápido, pelar la zanahoria y cortarla en bastoncitos, limpiar las cebolletas y picarlas finas, cortar los rábanos en delgadas rodajas, picar gruesas las hojas de menta (sin el tallo) y aliñarlo todo con zumo de lima, sal marina y pimienta negra.

**5** Disponer el encurtido encima del salmón en la bandeja y servir. Queda muy rico acompañado de fideos o un buen arroz suelto.

| CALORÍAS | GRASAS | GR. SAT. | PROTEÍNAS | CARBOH. | AZÚCAR | SAL | FIBRA |
|---|---|---|---|---|---|---|---|
| 360 kcal | 21,9 g | 3,6 g | 32,3 g | 8,6 g | 5,8 g | 1,2 g | 3,4 g |

# TERNERA CON PIMIENTA DE SICHUAN

**CON ESTE SENCILLO MÉTODO DE COCCIÓN SE OBTIENE UNA CARNE TIERNA Y UN PLATO DE SABORES INTENSOS**

**PARA 6 PERSONAS**
**PREPARACIÓN: 18 MINUTOS**
**COCCIÓN: 3 HORAS**

2 cebollas rojas grandes

2 naranjas

4 dientes de ajo

un trozo de jengibre de 4 cm

2 cucharadas de salsa de soja
baja en sal

2 cucharadas de vinagre
balsámico

2 cucharadas de miel líquida

4 cucharaditas de pimienta
de Sichuan en grano

1 kg de pecho de ternera

4 cucharaditas de polvo de
5 especias orientales

1 pepino

6 nidos de fideos de arroz finos
(300 g en total)

½ manojo de cilantro (15 g)

2 cucharadas de semillas
de sésamo tostadas

**1** Precalentar el horno a 140 °C. Pelar las cebollas, picarlas gruesas y ponerlas en una fuente para el horno pequeña de paredes altas. Partir las naranjas por la mitad, exprimirlas y echar el zumo. Pelar el ajo y el jengibre, picarlos finos y añadirlos a la fuente. Regar con la salsa de soja, el vinagre balsámico y la miel y mezclar bien.

**2** Majar los granos de pimienta de Sichuan en el mortero hasta que queden finos. Frotar bien la carne con la pimienta de Sichuan, el polvo de 5 especias, una pizca de sal marina y pimienta negra y un poco de aceite de oliva. Colocar la carne sobre las cebollas, tapar bien la fuente con papel de aluminio y asarlo durante 3 horas, o hasta que la carne esté tierna y se deshaga. Si es necesario, añadir chorritos de agua de vez en cuando para evitar que se seque.

**3** Cortar el pepino en rodajas finas y aliñarlo con una pizca de sal y 2 cucharadas de vinagre de vino tinto. Rehidratar los fideos siguiendo las instrucciones del envase y escurrirlos bien.

**4** Sacar la fuente del horno, retirar el papel de aluminio y, con unos tenedores, deshilachar la carne y mezclarla con las cebollas y los jugos de la fuente. Servir acompañado de los fideos, el pepino, el cilantro deshojado y las semillas de sésamo, y que cada comensal se sirva. También queda bueno con berros u otras hojas de ensalada delicadas de temporada.

| CALORÍAS | GRASAS | GR. SAT. | PROTEÍNAS | CARBOH. | AZÚCAR | SAL | FIBRA |
|---|---|---|---|---|---|---|---|
| 704 kcal | 31,2 g | 11,8 g | 36,6 g | 68,3 g | 15,2 g | 1,4 g | 1,2 g |

# HUEVOS AL PLATO CON SETAS Y AJO

**CON SETAS, PATATAS Y ESPINACAS, ESTA FUENTE AL HORNO ES UN PLACER DE PREPARAR Y DE COMER**

**PARA 4 PERSONAS**
**PREPARACIÓN: 12 MINUTOS**
**COCCIÓN: 30 MINUTOS**

500 g de setas variadas

100 g de espinacas tiernas

4 dientes de ajo

500 g de patatas

4 huevos

8 pepinillos

75 g de queso de cabra blando

1 Precalentar el horno a 200 °C. Romper o trocear las setas, picar las espinacas y ponerlo todo en una fuente para el horno de 20 cm x 30 cm junto con el ajo pelado y rallado fino, 2 cucharadas de aceite de oliva y una pizca de sal marina y pimienta negra, y mezclar bien.

2 Frotar las patatas para limpiarlas, cortarlas en láminas lo más finas posible, untarlas con 2 cucharadas de aceite, salpimentar y disponerlas en una capa encima de las verduras. Asar durante 25 minutos o hasta que empiecen a dorarse.

3 Sacar la fuente del horno, mezclarlo todo bien, hacer cuatro huecos y cascar un huevo en cada uno. Volver a poner la fuente en el horno 5 minutos más, o hasta que los huevos se hayan cocido al gusto.

4 Por último, cortar en rodajas finas los pepinillos, trocear el queso de cabra, echar ambos por encima junto con un chorrito de aceite de oliva virgen extra y terminar con una pizca de pimienta.

| CALORÍAS | GRASAS | GR. SAT. | PROTEÍNAS | CARBOH. | AZÚCAR | SAL | FIBRA |
| --- | --- | --- | --- | --- | --- | --- | --- |
| 364 kcal | 23,8 g | 6 g | 14,8 g | 24,4 g | 2,6 g | 1,6 g | 3,3 g |

# ROLLO DE CARNE CON CHIMICHURRI

**LA CARNE PICADA PUEDE QUEDAR SABROSÍSIMA. AQUÍ SE PREPARA AL ESTILO ARGENTINO EN UNA RECETA PARA RECORDAR**

**PARA 8 PERSONAS**
**PREPARACIÓN: 20 MINUTOS**
**COCCIÓN: 1 HORA**

1 diente de ajo

1 guindilla roja fresca

1 manojo de perejil (30 g)

1 manojo de cilantro (30 g)

1 kg de carne picada de ternera y cerdo

1 huevo grande

150 g de pan recién rallado

460 g de pimientos rojos asados en conserva

200 g de queso para derretir, como emmental, en lonchas

2 cebollas rojas

800 g de alubias negras en conserva

2 cucharadas de miel líquida

**1** Precalentar el horno a 200 °C. Para elaborar el chimichurri, pelar el ajo y cortarlo fino con la guindilla, el perejil y el cilantro. Pasarlo a un bol, añadir 1 cucharada de cada de vinagre de vino tinto y aceite de oliva virgen extra, y sazonar al gusto con sal marina y pimienta negra.

**2** En un bol grande, poner la carne picada, el huevo, el pan rallado y la mitad del chimichurri, amasarlo bien y, aplastándola con las manos, extender esta mezcla en una hoja grande de papel de horno (30 cm x 40 cm) untada con aceite. Escurrir los pimientos, abrirlos y disponerlos en una capa sobre la carne. Poner encima las lonchas de queso.

**3** Ayudándose de uno de los lados largos del papel, empezar a enrollar la carne, apretándola y dándole forma de rollo. Pasarlo a una fuente de horno grande de paredes altas y acabar de soltar el papel con cuidado, dejando el último pliegue en la parte inferior.

**4** Pelar las cebollas, partirlas en cuartos, echarlas en la bandeja y regarlo todo con un poco de aceite de oliva. Tapar la bandeja con papel de aluminio y asar durante 30 minutos.

**5** Sacarla, retirar el papel de aluminio y bañar el rollo de carne con los jugos de la bandeja. Verter las alubias alrededor del rollo, incluido el líquido de la conserva, y darle un toque de vinagre. Regar el rollo con la miel y hornear 30 minutos más.

**6** Cortar en rodajas y servir con las cebollas caramelizadas y las alubias, con el resto del chimichurri por encima. Está delicioso con un arroz blanco, puré de patata, cuñas de boniato o trozos de pan crujiente.

| CALORÍAS | GRASAS | GR. SAT. | PROTEÍNAS | CARBOH. | AZÚCAR | SAL | FIBRA |
|---|---|---|---|---|---|---|---|
| 504 kcal | 26,9 g | 12,1 g | 39,6 g | 23,3 g | 9,4 g | 1 g | 8,1 g |

# BANDEJA ESTIVAL DE SALMÓN

**SABER QUE UN PLATO TAN BONITO Y ANIMADO PUEDE PONERSE A LA MESA EN SOLO 20 MINUTOS ES UNA GOZADA**

## PARA 4 PERSONAS
## 20 MINUTOS

1 lata (de 567 g) de patatas
    nuevas peladas

4 filetes de salmón (de 150 g
    cada uno), con piel
    y sin espinas

400 g de tomates cherry
    maduros en rama

100 g de aceitunas negras
    sin hueso

1 cucharada colmada de
    alcaparras pequeñas en
    salmuera

½ manojo de orégano (10 g)

1 limón

4 lonchas de prosciutto

4 cucharaditas colmadas
    de pesto

**1** Precalentar el gratinador a alta temperatura. Escurrir las patatas, echarlas en una fuente para el horno de 25 cm x 35 cm, mezclarlas con 1 cucharada de aceite de oliva y poner la fuente sobre la placa a fuego medio durante 5 minutos, o hasta que las patatas empiecen a dorarse.

**2** En un bol, mezclar el salmón, los tomates en rama, las aceitunas y las alcaparras con las hojas del orégano, 1 ½ cucharadas de aceite y el zumo de medio limón. Sacar los filetes de salmón y envolverlos con el prosciutto. Echar el contenido del bol en la fuente y poner el salmón encima con la piel hacia abajo.

**3** Asarlo 10 minutos o hasta que se dore y el salmón esté en su punto.

**4** Añadir por encima el pesto y servir con unas cuñas de limón para exprimirlas por encima.

## VARIACIONES FÁCILES

También quedaría delicioso con judías verdes redondas o planas, espárragos o brócoli bimi. Las patatas en conserva son ideales para cocinar este plato en poco tiempo, pero también podrían sustituirse por una bolsa de ñoquis de patata.

| CALORÍAS | GRASAS | GR. SAT. | PROTEÍNAS | CARBOH. | AZÚCAR | SAL | FIBRA |
|---|---|---|---|---|---|---|---|
| 500 kcal | 32,1 g | 5,4 g | 35,5 g | 16,8 g | 4 g | 1,8 g | 2,1 g |

# PESCADO Y ALUBIAS CON PAN DE AJO

**UNA MANERA DIVERTIDA DE TOMAR PESCADO BLANCO, REALZADO CON LIMÓN, ROMERO Y UNOS MINUTOS DE HORNO**

**PARA 4 PERSONAS**
**27 MINUTOS**

1 limón

2 ramitas de romero

4 filetes de pescado blanco
(de 150 g cada uno),
sin piel ni espinas

800 g de alubias blancas
tipo cannellini en conserva

320 g de tomates cherry
maduros

4 filetes de anchoa en aceite

100 g de pan de ajo

**1** Precalentar el horno a 200 °C. Rallar fina la piel de 1 limón sobre una tabla de cortar, deshojar el romero y picar las hojas. Frotar los filetes de pescado con esta mezcla, junto con 1 cucharada de aceite de oliva y una pizca de sal marina y pimienta negra.

**2** Escurrir las alubias y echarlas en una fuente para el horno de 30 cm x 40 cm. Partir los tomates cherry por la mitad y poner casi todos en la fuente. Picar los filetes de anchoa y añadirlos también, junto con un chorrito del aceite de la lata. Exprimir por encima el zumo de ½ limón, sazonar con pimienta negra y mezclar bien.

**3** Con una batidora o un robot de cocina, triturar el pan de ajo, esparcirlo sobre las alubias, disponer encima los filetes de pescado aliñado, esparcir el resto de los tomates cherry y hornear 15 minutos, o hasta que se dore y el pescado esté bien cocido.

**4** Servir con un chorrito de aceite de oliva virgen extra, si se desea, y unas cuñas de limón para exprimirlas por encima. Una fresca ensalada verde casa de maravilla.

| CALORÍAS | GRASAS | GR. SAT. | PROTEÍNAS | CARBOH. | AZÚCAR | SAL | FIBRA |
|----------|--------|----------|-----------|---------|--------|-----|-------|
| 320 kcal | 15,3 g | 3,9 g | 40 g | 27,2 g | 4 g | 1,1 g | 9,9 g |

# POLLO AL HORNO CON SETAS

**UNA RECETA FÁCIL Y RECONFORTANTE. EL INTENSO SABOR SE CONSIGUE CON UN INGREDIENTE QUE FACILITA LAS COSAS: CREMA DE LATA**

**PARA 4 PERSONAS**
**PREPARACIÓN: 5 MINUTOS**
**COCCIÓN: 1 HORA**

4 contramuslos grandes
    de pollo, con piel y
    sin deshuesar

400 g de setas variadas

1 lata (de 295 g) de crema
    concentrada de
    champiñones Campbell's

300 g de arroz basmati

1 lata (de 400 g) de judiones
    en conserva

1 limón

200 g de espinacas congeladas

4 cucharaditas de mostaza
    inglesa, y un poco más
    para servir

**1** Precalentar el horno a 200 °C. En una fuente para el horno de 25 cm x 35 cm, mezclar el pollo con 1 cucharada de aceite de oliva y una pizca de pimienta negra, y agregar las setas, troceando las más grandes (si se prefiere la piel del pollo extracrujiente, freír los contramuslos hasta que se doren antes de añadir las setas).

**2** Verter la lata de crema, escurrir y añadir los judiones y echar el arroz. Llenar de agua la lata de los judiones y verterla en la bandeja. Por último, rallar la piel del limón y mezclarlo todo.

**3** Colocar el pollo en la parte superior, con la piel hacia arriba, asegurándose de que el arroz queda sumergido, y hacer unos huecos para las espinacas. Cubrirlo con un trozo de papel de aluminio untado de aceite y hornear durante 50 minutos, o hasta que el pollo esté bien cocido y el arroz tierno. En los últimos 5 minutos, retirar el papel de aluminio. Pasar un tenedor por el arroz y las espinacas para soltarlos, y sazonar al gusto.

**4** En un bol pequeño, mezclar la mostaza con el zumo del limón, rociarlo por encima de la fuente y servir.

## VARIACIONES FÁCILES

En esta receta, el sabor más intenso proviene de la lata de crema de champiñones; con una de pollo cremoso también se obtienen buenos resultados. En lugar de espinacas, funcionan además otras verduras congeladas, como coliflor y judías verdes, y se pueden usar las alubias en lata que se prefieran.

| CALORÍAS | GRASAS | GR. SAT. | PROTEÍNAS | CARBOH. | AZÚCAR | SAL | FIBRA |
|---|---|---|---|---|---|---|---|
| 644 kcal | 23,1 g | 5 g | 31,1 g | 77,3 g | 3 g | 1,6 g | 4,1 g |

# VERDURAS MEDITERRÁNEAS AL HORNO CON FETA

**SI SE USAN BOLSAS DE VERDURAS VARIADAS DEL CONGELADOR, ESTA RECETA SE PREPARA EN UN SANTIAMÉN**

**PARA 4 PERSONAS**
**PREPARACIÓN: 5 MINUTOS**
**COCCIÓN: 30 MINUTOS**

300 g de cuscús

400 g de garbanzos
en conserva

700 g de verduras
mediterráneas asadas
congeladas

1 cucharada colmada de pasta
de harissa

200 g de queso feta en
un trozo

1 limón

1 cucharadita colmada
de orégano seco

1 Precalentar el horno a 200 °C. Echar el cuscús en una bandeja de horno (25 x 35 cm) y agregar los garbanzos, incluido el líquido de la conserva.

2 Mezclar bien las verduras congeladas con la harissa y una pizca de sal marina y pimienta negra, y disponerlas sobre el cuscús y los garbanzos.

3 Partir el feta en cuatro trozos y ponerlo por encima, partir en dos el limón, colocar una mitad en el centro y exprimir el otro medio por la bandeja. Esparcir el orégano y regar con 2 cucharadas de aceite de oliva.

4 Asarlo 30 minutos o hasta que se dore. Ahuecar el cuscús con un tenedor, usar unas pinzas para exprimir por encima de los ingredientes el medio limón asado y servir. Queda delicioso acompañado de una ensalada de temporada.

## VARIACIONES FÁCILES

Si no encuentras verduras mediterráneas asadas congeladas, usa las de temporada que prefieras y córtalas en dados de 2 cm.

| CALORÍAS | GRASAS | GR. SAT. | PROTEÍNAS | CARBOH. | AZÚCAR | SAL | FIBRA |
|----------|--------|----------|-----------|---------|--------|-----|-------|
| 538 kcal | 21,1 g | 8,4 g | 21 g | 69,8 g | 3,3 g | 1,4 g | 6,5 g |

# POLLO AL GOCHUJANG CON FIDEOS

**EL GOCHUJANG ES UNA SALSA COREANA DE GUINDILLA QUE REALZARÁ ESTE HUMILDE POLLO AL HORNO**

**PARA 4 PERSONAS**
**PREPARACIÓN: 12 MINUTOS**
**COCCIÓN: 50 MINUTOS**

2 trozos de jengibre de 6 cm
   (80 g en total)

4 dientes de ajo

1 col puntiaguda

4 contramuslos grandes
   de pollo, con piel y
   sin deshuesar

2 cucharadas colmadas de salsa
   gochujang

4 nidos de fideos de arroz finos
   (200 g en total)

1 manojo de cebolletas

2 cucharadas de semillas
   de sésamo

**1** Precalentar el horno a 200 °C. Pelar el jengibre y el ajo y cortarlos en roda- jas finas, partir la col a lo largo en cuartos y ponerlo todo en una fuente para el horno de 25 cm x 30 cm junto con los contramuslos y la salsa gochujang.

**2** Regar con 1 cucharada de aceite de oliva y 2 cucharadas de vinagre de vino tinto, añadir una pizca de pimienta negra y mezclar bien con las manos para que los sabores se impregnen. Poner los contramuslos con la piel hacia arri- ba y hornear 30 minutos.

**3** Sumergir los fideos en un bol de agua hirviendo durante 1 minuto, sacar la fuente del horno y, con unas pinzas, poner en ella los fideos, empaparlos de los jugos de la bandeja y disponerlos en las esquinas. Limpiar las cebolletas, cortar la parte verde en rodajas finas y reservarlas, y poner la parte blanca en la fuente. Volver a recolocar los contramuslos para que estén en la parte superior; así la piel quedará crujiente.

**4** Verter 200 ml de agua fría en la fuente, esparcir las semillas de sésamo y asar otros 20 minutos o hasta que el pollo esté cocido, la col tierna y los fideos se hayan hidratado con los jugos de la cocción. Echar por encima la cebolleta reservada y servir.

| CALORÍAS | GRASAS | GR. SAT. | PROTEÍNAS | CARBOH. | AZÚCAR | SAL | FIBRA |
|---|---|---|---|---|---|---|---|
| 549 kcal | 23 g | 5,9 g | 30,1 g | 55,4 g | 8,9 g | 1,3 g | 5,4 g |

# PASTA CON ATÚN AL HORNO... CON TRUCO

**ESTE PLATO ROMPE TODAS LAS REGLAS, PERO ES FÁCIL DE PREPARAR Y QUEDA RIQUÍSIMO. LO DISFRUTARÁS**

**PARA 6 PERSONAS**
**PREPARACIÓN: 18 MINUTOS**
**COCCIÓN: 45 MINUTOS,
MÁS REPOSO**

2 latas (de 295 g) de crema
   concentrada de
   champiñones Campbell's

300 g de champiñones
   portobello pequeños

300 g de caracolas de pasta

2 latas (de 145 g) de atún
   al natural

1 limón

1 guindilla roja fresca

60 g de rúcula

75 g de queso cheddar

400 g de patatas rojas

**1** Precalentar el horno a 200 °C. Verter la crema en una fuente para el horno de 25 cm x 35 cm. Luego llenar de agua las dos latas, moverlas para recoger los restos y echarlas en la fuente.

**2** Partir los champiñones por la mitad o en cuartos, según su tamaño, y añadirlos a la fuente junto con la pasta y el atún escurrido. Rallar la piel del limón sobre la fuente e incorporar también el zumo. Cortar la guindilla en rodajas y añadirla, picar gruesa casi toda la rúcula y echarla, sazonar con un poco de sal marina y pimienta negra, y mezclar bien.

**3** Rallar el queso por encima, frotar las patatas para limpiarlas y cortarlas en rodajas lo más finas posible, disponerlas en una capa sobre los demás ingredientes y presionar un poco con cuidado.

**4** Rociar con aceite de oliva y hornear 45 minutos, o hasta que esté dorado y burbujee, y dejar reposar 15 minutos. Echar por encima el resto de la rúcula y servir.

| CALORÍAS | GRASAS | GR. SAT. | PROTEÍNAS | CARBOH. | AZÚCAR | SAL | FIBRA |
|---|---|---|---|---|---|---|---|
| 420 kcal | 13,6 g | 4 g | 21,1 g | 56,2 g | 2,7 g | 1,8 g | 1,6 g |

# CORDERO ASADO MEDITERRÁNEO

**INGREDIENTES MÍNIMOS Y UNA COCCIÓN LENTA CREAN ESTE PLATO IMPRESIONANTE QUE NO CUESTA NADA PREPARAR**

**PARA 8 PERSONAS**
**PREPARACIÓN: 12 MINUTOS**
**COCCIÓN: 5 HORAS**

8 cebollas

1,2 kg de patatas

150 g de aceitunas verdes
   sin hueso

1 manojo de romero (20 g)

1 lata de anchoas en aceite
   (30 g)

175 ml de vino blanco

1 paletilla de cordero de 2 kg
   con hueso

**1** Precalentar el horno a 170 °C y poner agua a hervir.

**2** Pelar las cebollas y partirlas por la mitad, frotar las patatas para limpiarlas y partirlas en dos también (en cuatro las más grandes) y ponerlas en la fuente para el horno de paredes altas más grande que se tenga.

**3** Echar las aceitunas, deshojar el romero sobre la fuente, disponer las anchoas por encima y verter 1 litro de agua hirviendo y el vino.

**4** Poner la paletilla encima, sazonar bien con sal marina y pimienta negra, tapar la fuente con papel de aluminio y meterla en el horno 4½ horas, o hasta que el cordero esté bien tierno y se deshaga en la boca. No hace falta ir comprobándolo, solo dejar que el horno trabaje.

**5** Retirar el papel de aluminio, rociar bien el cordero con los jugos de la fuente y asar 30 minutos más, o hasta que esté dorado.

**6** Separar los trozos de carne y repartirlos en los platos, desechando los huesos. Mezclar bien los demás ingredientes de la bandeja y servir en los platos las patatas, las cebollas, las aceitunas y un poco del jugo. Servir con verduras o una ensalada de temporada.

| CALORÍAS | GRASAS | GR. SAT. | PROTEÍNAS | CARBOH. | AZÚCAR | SAL | FIBRA |
|----------|--------|----------|-----------|---------|--------|-----|-------|
| 633 kcal | 36 g | 15,6 g | 37,4 g | 38,6 g | 10,4 g | 1,6 g | 5,2 g |

# BANDEJA DE POLLO Y CUSCÚS CON UVAS

**UNA RECETA FÁCIL DE PREPARAR, ELEGANTE Y MUY SABROSA. ¿POR QUÉ NO LLEVAR DE VIAJE AL PALADAR DE VEZ EN CUANDO?**

**PARA 4 PERSONAS**
**PREPARACIÓN: 16 MINUTOS**
**COCCIÓN: 50 MINUTOS**

4 contramuslos grandes
de pollo, con piel y
sin deshuesar

1 manojo de tomillo (20 g)

500 g de uvas rojas sin semillas

2 cucharadas de mostaza
de Dijon

2 cucharadas de zumaque,
y un poco más para servir

1 manojo de cebolletas

300 g de cuscús

400 g de garbanzos
en conserva

2 cucharadas de pistachos
sin cáscara y sin sal

4 cucharadas de yogur natural

**1** Precalentar el horno a 180 °C. Poner los contramuslos en una fuente para el horno de 20 cm x 30 cm, deshojar el tomillo y añadirlo, junto con las uvas, la mostaza, el zumaque, 1 cucharada de aceite de oliva y una pizca de sal marina y pimienta negra.

**2** Limpiar las cebolletas, cortar la parte verde en rodajas finas y reservarlas, y poner la parte blanca entera en la fuente. Mezclarlo todo bien, colocar los contramuslos en la parte superior con la piel hacia arriba y asar en el horno 30 minutos.

**3** Sacar la fuente del horno y echar el cuscús y los garbanzos, incluido el líquido de la conserva. Añadir 100 ml de agua y mezclar bien, raspando los restos que se hayan pegado a la base, disponer de nuevo el pollo en la parte superior con la piel hacia arriba y hornear otros 20 minutos, o hasta que el pollo esté bien cocido.

**4** Picar bien los pistachos y esparcirlos por encima junto con los aros de cebolleta reservados. Como toque final, echar unas cucharadas de yogur y espolvorear un poco más de zumaque.

| CALORÍAS | GRASAS | GR. SAT. | PROTEÍNAS | CARBOH. | AZÚCAR | SAL | FIBRA |
|---|---|---|---|---|---|---|---|
| 711 kcal | 23,6 g | 6 g | 37,7 g | 91,5 g | 23,8 g | 1,4 g | 8,8 g |

# CALABAZA AL HORNO CON PANEER ESPECIADO

**VERDURAS ASADAS, AROMÁTICA PASTA DE CURRI Y CREMOSO PANEER SE UNEN EN ESTA DELICIA VEGETARIANA**

**PARA 4 PERSONAS**
**1 HORA 35 MINUTOS**

1 calabaza moscada (1,2 kg)

1 cebolla

1 berenjena (de 250 g)

1 limón

1 cucharada colmada de pasta
de curri con guindilla y ajo
(o la que se prefiera)

300 g de arroz basmati

1 manojo de cilantro (30 g)

2 cucharadas de chutney
de mango

175 g de queso paneer

**1** Precalentar el horno a 200 °C. Partir la calabaza por la mitad a lo largo, retirar las semillas, frotarla con 1 cucharada de aceite de oliva, sal marina y pimienta negra, y colocarla, con el lado cortado hacia abajo, directamente sobre la rejilla superior del horno.

**2** Pelar la cebolla y partirla en cuartos, cortar la berenjena en trozos de 5 cm y ponerlo todo en una fuente para el horno de 20 cm x 30 cm. Rallar fina la piel del limón sobre la bandeja, sazonar con sal y pimienta, y mezclarlo todo bien con la pasta de curri y un poco de aceite. Colocar la fuente en el nivel de debajo de la calabaza y asar durante 50 minutos, o hasta que todo esté tierno. Luego sacar la fuente y la calabaza del horno.

**3** Pasar la cebolla y la berenjena a una tabla de cortar y esparcir el arroz por la fuente. Sazonar, agregar 600 ml de agua hirviendo, encajar el medio limón y ponerlo a fuego alto sobre la placa durante 3 minutos o hasta que empiece a hervir.

**4** Sacar a cucharadas la pulpa de la calabaza y ponerla en la tabla de cortar con la cebolla y la berenjena, dejando una capa de ½ cm en el interior de la calabaza. Esparcir por encima de las verduras casi todas las hojas del cilantro y picarlo todo grueso, sazonar al gusto y volver a ponerlo a cucharadas dentro de las mitades de calabaza. Hacer unos huecos en el arroz para encajar la calabaza, echar a cucharadas la mitad del chutney de mango, rallar el paneer por encima y volver a hornearlo 15 minutos.

**5** Pasar un tenedor por el arroz para soltarlo, echar el resto del cilantro y del chutney de mango y servir con unas cuñas de limón para exprimirlas por encima.

| CALORÍAS | GRASAS | GR. SAT. | PROTEÍNAS | CARBOH. | AZÚCAR | SAL | FIBRA |
|---|---|---|---|---|---|---|---|
| 580 kcal | 14 g | 5,6 g | 18,3 g | 100,9 g | 24 g | 1,8 g | 7,6 g |

# PALETILLA DE CERDO FESTIVA

**SI SE LE DA SU TIEMPO DE HORNO, SE CONSIGUEN UNA PIEL CRUJIENTE Y UNA CARNE QUE SE DESHACE... INCREÍBLE**

**PARA 6 PERSONAS**
**PREPARACIÓN: 10 MINUTOS**
**COCCIÓN: 4 HORAS**

2 cucharaditas de semillas
    de hinojo

2 kg de paletilla de cerdo
    sin hueso

6 patatas para asar

6 cebollas

6 hojas de laurel

2 manzanas

160 g de berros

mostaza para acompañar

**1** Precalentar el horno a 220 °C. Machacar bien en un mortero las semillas de hinojo. Disponer la paletilla en una fuente de horno grande y marcar toda la piel con un cuchillo. Frotar bien con aceite de oliva, el hinojo, sal marina y pimienta negra, y asar durante 1 hora. Mientras, partir las patatas por la mitad. Pelar las cebollas y dividirlas también en dos.

**2** Extraer la fuente del horno, regar la carne con los jugos de la bandeja y sacarla un momento a un plato. Agregar las patatas y las cebollas a la fuente y mezclarlas bien junto con las hojas de laurel, 2 cucharadas de vinagre de vino tinto y una pizca de sal y pimienta, y poner la carne encima.

**3** Volver a colocar la fuente en el horno, bajar la temperatura a 160 °C y asar durante 3 horas, regando la carne con los jugos y removiendo las verduras a media cocción. Si es necesario, añadir chorritos de agua de vez en cuando para evitar que se seque.

**4** Cortar las manzanas en bastoncitos, mezclarlas con los berros, añadir un toque de aceite de oliva virgen extra y otro de vinagre de vino tinto, y sazonar. Desmenuzar el cerdo y las cebollas al gusto, y servir acompañado de las patatas y un poco de la mostaza que se prefiera.

| CALORÍAS | GRASAS | GR. SAT. | PROTEÍNAS | CARBOH. | AZÚCAR | SAL | FIBRA |
|---|---|---|---|---|---|---|---|
| 713 kcal | 35,8 g | 11 g | 43,6 g | 57 g | 12,2 g | 1,1 g | 5,2 g |

# CRUJIENTE CORDERO AL HORNO CON MADRÁS

**NO SE TARDA NADA EN PONERLO AL HORNO. LUEGO SOLO HAY QUE RELAJARSE Y DISFRUTAR DE LOS AROMAS**

**PARA 8 PERSONAS**
**PREPARACIÓN: 9 MINUTOS**
**COCCIÓN: 5 HORAS**

1 paletilla de cordero de 2 kg con hueso

1 tarro (de 180 g) de pasta de curri de Madrás

250 g de guisantes amarillos partidos

4 cebollas rojas

1 patata

4 tomates

un trozo de jengibre de 6 cm

1 cabeza de ajos

½ manojo de cilantro (15 g)

12 clavos de olor

**1** Precalentar el horno a 170 °C y poner agua a hervir.

**2** Hacer unos ligeros cortes en diagonal y en ambos sentidos en el lado con piel del cordero; luego sazonar con sal marina y pimienta negra y frotar bien con la mitad de la pasta de curri.

**3** Poner los guisantes en la fuente para el horno de paredes altas más grande que se tenga, y pelar las cebollas y la patata, partirlas por la mitad y añadirlas. Cortar en dos los tomates, pelar y picar el jengibre, romper la cabeza de ajos y picar grueso el cilantro (tallos incluidos). Echarlo todo en la fuente junto con el resto de la pasta de curri.

**4** Agregar 1,2 litros de agua hirviendo, poner el cordero encima, esparcir los clavos, cubrir bien la fuente con un trozo de papel de aluminio untado de aceite y hornear durante 4½ horas, o hasta que el cordero esté bien tierno y se deshaga en la boca. No hace falta ir comprobándolo, solo dejar que el horno trabaje.

**5** Retirar el papel de aluminio, rociar bien el cordero con los jugos de la fuente y asar 30 minutos más, o hasta que esté dorado y crujiente.

**6** Separar trozos de carne y repartirlos en los platos, desechando los huesos. Aplastar la patata, apretar los ajos para extraer la pulpa y mezclar ambos con los guisantes y las verduras. Emplatar también esta guarnición, junto con un poco del jugo de la bandeja.

| CALORÍAS | GRASAS | GR. SAT. | PROTEÍNAS | CARBOH. | AZÚCAR | SAL | FIBRA |
|----------|--------|----------|-----------|---------|--------|-----|-------|
| 633 kcal | 36 g | 15,6 g | 37,4 g | 38,6 g | 10,4 g | 1,6 g | 5,2 g |

# POLLO CON SALSA DE PAN AL HORNO

**NADA SUPERA A LA SALSA DE PAN. BUENO, POLLO Y BEICON AL HORNO CON SALSA DE PAN. ESO SÍ LO SUPERA. PRUÉBALA**

**PARA 4 PERSONAS**
**PREPARACIÓN: 10 MINUTOS**
**COCCIÓN: 50 MINUTOS**

1 cebolla

600 ml de leche entera

2 cucharaditas de mostaza inglesa

4 hojas pequeñas de laurel

2 huevos grandes

½ nuez moscada

2 clavos de olor

300 g de pan blanco

4 contramuslos grandes de pollo, con piel y sin deshuesar

2 lonchas de beicon ahumado

**1** Precalentar el horno a 180 °C. Pelar la cebolla, partirla por la mitad y picarla muy fina, ponerla en una fuente de horno de 25 cm x 30 cm con la leche, la mostaza, el laurel y los huevos, rallar fina la nuez moscada y los clavos, y añadir una pizca de sal marina y pimienta negra.

**2** Rebanar la corteza del pan y reservarla. Romper la miga en la fuente y estrujarlo y mezclarlo todo bien. Mojar las cortezas reservadas en esta mezcla y disponerlas por todo el borde de la fuente.

**3** Frotar los contramuslos con un poco de sal, pimienta y aceite de oliva, y disponerlos en la fuente con la piel hacia arriba. Partir por la mitad las lonchas de beicon, añadirlas y asar durante 50 minutos o hasta que se doren. Servir con verduras de temporada.

## Y SI PREFIERES VEGETARIANO...

Cortar en cogollos grandes 1 coliflor pequeña (400 g), dejando intactas las hojas más bonitas, mezclar con un poco de aceite de oliva, sal y pimienta, y usarlos en lugar del pollo y del beicon. Rallar sobre la fuente 80 g de queso cheddar, cubrirla con papel de aluminio y asar según se indica arriba, retirando el aluminio a media cocción.

| CALORÍAS | GRASAS | GR. SAT. | PROTEÍNAS | CARBOH. | AZÚCAR | SAL | FIBRA |
|---|---|---|---|---|---|---|---|
| 691 kcal | 32,7 g | 10,9 g | 40,6 g | 59,1 g | 14,6 g | 2,5 g | 4,1 g |

# RECURRIR A LA DESPENSA

A veces, todos necesitamos una de esas comidas comodín. Deja que los estantes de la despensa acudan al rescate: suelen ofrecer inspiración cuando más la necesitas. Ahí encontrarás amigos fieles a los que recurrirás una y otra vez.

# ALUBIAS AL PODER

Lector, debo confesarte algo: me encantan las alubias en conserva. Son una fuente excelente y sabrosa de proteínas de origen vegetal, no salen caras, aguantan siglos en la despensa, se encuentran en todas las tiendas y abundan en fibra. Además, casan con sabores de todo el mundo y cultivar alubias es bueno para el planeta. Las páginas que siguen expresan mi adoración absoluta por las alubias y espero que te inspiren a vivir tu propio romance; por supuesto, puedes mezclar unas variedades con otras. En estas recetas he usado mis combinaciones favoritas y espero que encuentres las tuyas. Cómetelas tal cual a cucharadas, sírvelas sobre una tostada como nosotros, los ingleses, combínalas con ingredientes como un trozo de pescado al vapor, salchichas, pechuga de pollo o un huevo frito... Descubrirás que las posibilidades son infinitas.

# JUDÍAS PINTAS CREMOSAS

**PARA 2 PERSONAS | 9 MINUTOS**

Pelar **2 dientes de ajo**, limpiar **1 manojo de cebolletas**, cortarlo todo en rodajas finas y ponerlo en una sartén antiadherente a fuego medio con 1 cucharada de aceite de oliva. Freír durante 2 minutos, verter **400 g de judías pintas en conserva**, incluido el líquido, y **100 g de crème fraîche** y cocerlo a fuego lento hasta obtener una salsa sedosa. Sazonar al gusto con sal marina y pimienta negra, rallar **20 g de queso parmesano o pecorino** y rociar con aceite de oliva virgen extra si se desea. Queda muy bien para acompañar pollo asado o una patata al horno, o incluso con pescado al vapor u horneado.

| CALORÍAS | GRASAS | GR. SAT. | PROTEÍNAS | CARBOH. | AZÚCAR | SAL | FIBRA |
|----------|--------|----------|-----------|---------|--------|-----|-------|
| 435 kcal | 26 g | 13,9 g | 17 g | 34,6 g | 3,3 g | 0,2 g | 10,6 g |

# ALUBIAS NEGRAS CON GOCHUJANG

**PARA 2 PERSONAS | 10 MINUTOS**

Reservando el jugo de la conserva, verter **400 g de alubias negras** en una sartén antiadherente sin engrasar a fuego alto para que se asen y salten. Partir por la mitad **160 g de tomates cherry maduros** y añadirlos, limpiar **1 manojo de cebolletas** y picarlas finas, y echar la mitad en la sartén, junto con **1 cucharada de salsa gochujang** y otra de aceite de oliva, el jugo de la conserva y unos chorritos de agua. Añadir sobre las alubias **1 bloque de 349 g de tofu suave** cortado en dados grandes y cocinar a fuego lento hasta obtener una salsa sedosa. Sazonar al gusto con sal marina y pimienta negra, y esparcir el resto de la cebolleta. Está rico con pan crujiente.

| CALORÍAS | GRASAS | GR. SAT. | PROTEÍNAS | CARBOH. | AZÚCAR | SAL | FIBRA |
|----------|--------|----------|-----------|---------|--------|-----|-------|
| 302 kcal | 7,9 g | 1,8 g | 26 g | 25,5 g | 9,9 g | 1 g | 15 g |

# ALUBIAS BORLOTTI AL ROMERO

**PARA 2 PERSONAS  |  14 MINUTOS**

Deshojar **2 ramitas de romero**. Pelar y partir **2 dientes de ajo** en rodajas muy finas. Cortar la piel de **½ limón** en tiras con un pelador. Ponerlo todo en una sartén antiadherente a fuego medio con 1 cucharada de aceite de oliva, moviendo la sartén hasta que quede crujiente y dorado. Sacar de la sartén la mitad. Agregar **2 anchoas**, verter **400 g de alubias pintas tipo borlotti** en conserva, incluido el líquido, y cocer a fuego lento hasta obtener una salsa sedosa. Sazonar al gusto con sal marina y pimienta negra, esparcir los trozos crujientes reservados y servir. Pueden acompañar un huevo duro y espinacas al vapor, o mozzarella y tomates.

| CALORÍAS | GRASAS | GR. SAT. | PROTEÍNAS | CARBOH. | AZÚCAR | SAL | FIBRA |
|----------|--------|----------|-----------|---------|--------|-----|-------|
| 165 kcal | 7,4 g | 1,1 g | 9,8 g | 14,8 g | 0,7 g | 0,4 g | 7,6 g |

# JUDIONES CON HARISSA

**PARA 2 PERSONAS | 12 MINUTOS**

Pelar **2 dientes de ajo** y picarlos finos junto con los tallos de **4 ramitas de perejil**, reservando las hojas. Poner el ajo y los tallos en una sartén antiadherente a fuego medio con 1 cucharada de aceite de oliva, removiendo hasta que empiece a dorarse. Verter **400 g de judiones en conserva**, incluido el líquido, añadir **1 cucharada de pasta de harissa** y cocer a fuego lento hasta obtener una salsa sedosa. Añadir el zumo de **½ limón**, sazonar al gusto con sal marina y pimienta negra, picar finas las hojas de perejil y echarlas, y servirlo con cuñas de limón para exprimirlas por encima. Está rico con halloumi o caballa.

| CALORÍAS | GRASAS | GR. SAT. | PROTEÍNAS | CARBOH. | AZÚCAR | SAL | FIBRA |
|----------|--------|----------|-----------|---------|--------|------|-------|
| 191 kcal | 8,6 g | 1,3 g | 9,1 g | 19,3 g | 1,6 g | 0,1 g | 6,8 g |

# ALUBIAS CANNELLINI AL PESTO

**PARA 2-4 PERSONAS | 13 MINUTOS**

Limpiar **200 g de judías verdes redondas**, cortarlas en rodajitas y ponerlas en una cazuela antiadherente a fuego medio-alto para asarlas ligeramente solo por un lado. Rallar fina la piel de **½ limón**, verter **400 g de alubias blancas tipo cannellini** en conserva, incluido el líquido, llevar a ebullición, exprimir el **zumo del limón** por encima y sazonar al gusto con sal marina y pimienta negra. Cuando se obtenga la consistencia de una salsa sedosa, agregar **1 cucharada colmada de pesto**, rallar **10 g de parmesano** y servir. Acompaña muy bien al salmón o a la berenjena asada.

| CALORÍAS | GRASAS | GR. SAT. | PROTEÍNAS | CARBOH. | AZÚCAR | SAL | FIBRA |
|---|---|---|---|---|---|---|---|
| 201 kcal | 7,3 g | 1,9 g | 12,8 g | 17 g | 3,2 g | 0,8 g | 12,2 g |

# ALUBIAS BLANCAS PICANTES

**PARA 2 PERSONAS  |  16 MINUTOS**

Poner una sartén antiadherente a fuego medio con 1 cucharada de aceite de oliva, picar los tallos de **4 ramitas de cilantro** (reservando las hojas) y añadir **1 cucharada colmada de pasta de curri korma** y **1 cucharadita rasa de cúrcuma molida**. Freír 1 minuto, verter **400 g de alubias blancas en conserva**, incluido el líquido, y **160 g de espinacas congeladas**, llevar a ebullición y cocer a fuego lento 5 minutos, o hasta que las espinacas se descongelen, removiendo y añadiendo chorritos de agua si hiciera falta. Sazonar al gusto con vinagre de vino tinto, sal marina y pimienta negra. Añadir las hojas de cilantro. El paneer acompaña muy bien.

| CALORÍAS | GRASAS | GR. SAT. | PROTEÍNAS | CARBOH. | AZÚCAR | SAL | FIBRA |
|----------|--------|----------|-----------|---------|--------|-----|-------|
| 215 kcal | 9,8 g | 2,3 g | 11 g | 22,4 g | 2,6 g | 0,5 g | 8,1 g |

# CARNE DE SALCHICHAS CON ALUBIAS EN TOSTADA

**PARA EL DESAYUNO, UN BRUNCH, UNA CENA… ESTA PROPUESTA NO LLEVA MÁS DE 13 MINUTOS Y GUSTARÁ A TODOS**

**PARA 2 PERSONAS**
**13 MINUTOS**

200 g de setas variadas

2 salchichas grandes
   (70 g cada una)

2 rebanadas gruesas de pan

4 ramitas de tomillo

2 cucharadas de salsa marrón
   inglesa («brown sauce»)

2 cucharaditas de pasta de
   tomates secos

400 g de alubias blancas
   tipo cannellini en conserva

**1** Poner una sartén antiadherente grande a fuego medio-alto. Cortar en tiras o romper las setas y echarlas en la sartén para que empiecen a freírse en seco a medida que se calienta.

**2** Apretar la piel de las salchichas para extraer la carne y extenderla hasta cubrir toda la superficie de un lado de cada rebanada de pan. Poner el pan en la sartén con la carne de salchicha hacia abajo y un chorrito de aceite de oliva y cocinar 3 o 4 minutos por cada lado, o hasta que esté dorado y crujiente. A media cocción, echar las hojas del tomillo.

**3** Pintar generosamente la carne de las salchichas con salsa marrón, darles la vuelta en la sartén para glasearlas durante 30 segundos y servir las tostadas en un plato junto con las setas.

**4** Echar en la sartén la pasta de tomates secos y las alubias, incluido el líquido de la conserva, y cocer a fuego vivo hasta que reduzcan y adquieran una buena consistencia. Sazonar al gusto y servir junto con las tostadas y las setas.

## Y SI PREFIERES VEGETARIANO…

Solo hay que utilizar salchichas vegetarianas, chafarlas sobre el pan y seguir como se indica.

| CALORÍAS | GRASAS | GR. SAT. | PROTEÍNAS | CARBOH. | AZÚCAR | SAL | FIBRA |
|---|---|---|---|---|---|---|---|
| 509 kcal | 22,5 g | 7,4 g | 27,2 g | 44,1 g | 4,4 g | 1,6 g | 10,2 g |

# HÍGADO CON JUDÍAS, BEICON Y VINAGRE BALSÁMICO

**UNA SORPRENDENTE VERSIÓN AGRIDULCE DE UN CLÁSICO, CON SABROSAS JUDÍAS CREMOSAS, EN UN SANTIAMÉN**

**PARA 2 PERSONAS**
**16 MINUTOS**

1 cebolla

2 lonchas de beicon ahumado

2 ramitas de salvia

400 g de judiones en conserva

2 filetes de hígado de ternera
(de 125 g cada uno)

2 cucharadas de vinagre
balsámico

1 cucharadita de miel líquida

**1** Pelar la cebolla, cortarla muy fina en juliana, ponerla en una sartén antiadherente grande a fuego medio con 1 cucharada de aceite de oliva y un chorrito de agua, y freírla durante 10 minutos o hasta que esté tierna, removiendo con frecuencia.

**2** Mientras, cortar el beicon en tiras y ponerlo en otra sartén a fuego medio-alto con un poco aceite. Cuando empiece a dorarse, echar las hojas de la salvia y freír ambos hasta que estén crujientes, retirar con una espumadera y verter los judiones, incluido el líquido de la conserva, en la grasa restante. Cocer a fuego lento unos minutos hasta que esté cremoso, chafando algunos judiones, y sazonar al gusto con sal marina y pimienta negra.

**3** Pasar las cebollas a un lado de la sartén y subir el fuego. Cortar el hígado en tiras de 2 cm, echarlas en la sartén y freírlas 2 minutos, agregar el vinagre balsámico y la miel, mezclar bien y sazonar al gusto.

**4** Emplatar los judiones, echar por encima el hígado y la cebolla, terminar con el beicon y la salvia crujientes y rematar con un chorrito de aceite de oliva virgen extra si se desea.

| CALORÍAS | GRASAS | GR. SAT. | PROTEÍNAS | CARBOH. | AZÚCAR | SAL | FIBRA |
|---|---|---|---|---|---|---|---|
| 420 kcal | 17,1 g | 3,8 g | 34 g | 32,8 g | 13,9 g | 0,5 g | 8,1 g |

# IDEAS CON

# JALAPEÑOS EN CONSERVA

Te cuento un secretillo de algo que suelo hacer a menudo en casa. Es una forma sencillísima de convertir un ingrediente cotidiano en algo aún más útil y con más sabor. Y te doy ideas para que te inspires, así que pruébalo, combínalo con tus ingredientes favoritos, crea recetas nuevas ¡y disfrútalo!

---

## SALSA FÁCIL DE GUINDILLA VERDE

Solo hay que verter **1 tarro de 215 g de jalapeños**, incluido el líquido, en una batidora, añadir las hojas de **1 manojo de menta (30 g)** y **1 cucharada de miel líquida** y triturar hasta que esté homogéneo. Usar la cantidad que se desee y agregar el resto de nuevo en el tarro, donde se conservará en la nevera hasta una semana, listo para animar cualquier comida.

# TOSTADA DE QUESO

**PARA 1 PERSONA | 6 MINUTOS**

Poner **1 rebanada de pan** bajo el gratinador hasta que se tueste por un lado. Repartir **1 cucharada de salsa fácil de guindilla verde** (página 200) en el lado sin tostar del pan y rallar por encima **30 g de un buen queso para derretir**. Volver a colocar bajo el gratinador hasta que se dore y se derrita. Cortar en bastones y servir con más salsa fácil de guindilla verde.

| CALORÍAS | GRASAS | GR. SAT. | PROTEÍNAS | CARBOH. | AZÚCAR | SAL | FIBRA |
|----------|--------|----------|-----------|---------|--------|-----|-------|
| 218 kcal | 10,9 g | 6,6 g | 11,2 g | 18,3 g | 1,8 g | 1,3 g | 0 g |

# HUEVOS REVUELTOS

**PARA 2 PERSONAS | 5 MINUTOS**

Batir **5 huevos** con una pizca de sal marina y pimienta negra. Poner **1 nuez de mantequilla sin sal** en una sartén antiadherente pequeña a fuego medio y, cuando esté derretida, verter los huevos. Remover despacio con una espátula de un lado a otro para crear ondas de huevo cuajado y sacar del fuego antes de que se cocine del todo; seguirá cociéndose con el calor residual de la sartén. Servir sobre una **tostada caliente con mantequilla**, con una cucharada de **salsa fácil de guindilla verde** (página 200) a un lado.

| CALORÍAS | GRASAS | GR. SAT. | PROTEÍNAS | CARBOH. | AZÚCAR | SAL | FIBRA |
|----------|--------|----------|-----------|---------|--------|-----|-------|
| 307 kcal | 18,1 g | 6 g | 19,1 g | 17,9 g | 1,3 g | 1,5 g | 0 g |

# FETA AL HORNO

**PARA 4 PERSONAS COMO GUARNICIÓN  |  20 MINUTOS**

Precalentar el horno a 180 °C. Poner **1 trozo de queso feta de 200 g** en una fuente refractaria, sazonar con pimienta negra y hornear durante 20 minutos o hasta que se dore. Cuando falten 10 minutos, poner una sartén antiadherente grande a fuego alto. Echar un chorrito de aceite de oliva, añadir **200 g de maíz congelado** y **2 cebolletas**, limpias y cortadas en rodajas finas. Cuando el maíz se haya dorado bien por un lado, apagar el fuego. Disponer en un plato **4 cucharadas de salsa fácil de guindilla verde** (página 200), disponer encima el feta horneado y terminar con el maíz y la cebolleta. Está bueno en burritos.

| CALORÍAS | GRASAS | GR. SAT. | PROTEÍNAS | CARBOH. | AZÚCAR | SAL | FIBRA |
|---|---|---|---|---|---|---|---|
| 229 kcal | 14,4 g | 7,5 g | 10,6 g | 17,2 g | 4,5 g | 1,7 g | 2,1 g |

# LANGOSTINOS POTENTES

**PARA 2 PERSONAS | 9 MINUTOS**

Pelar **2 dientes de ajo** y cortarlos en rodajas finas. Limpiar **8 langostinos grandes crudos**, dejando las cabezas y las colas. Luego pasar la punta de un cuchillito por el lomo para que se abran en forma de mariposa y retirar el hilo intestinal. Ponerlos en una sartén antiadherente a fuego medio-alto con 2 cucharadas de aceite de oliva y freírlos de 3 a 4 minutos o hasta que estén en su punto, moviendo la sartén constantemente y añadiendo el ajo y las hojas de **unas ramitas de orégano** en el último minuto. Rociar con el zumo de ½ **limón** y servir encima de **3 cucharadas de salsa fácil de guindilla verde** (página 200).

| CALORÍAS | GRASAS | GR. SAT. | PROTEÍNAS | CARBOH. | AZÚCAR | SAL | FIBRA |
|----------|--------|----------|-----------|---------|--------|------|-------|
| 173 kcal | 13,6 g | 2 g | 10,5 g | 2,5 g | 1,7 g | 0,9 g | 0,4 g |

# CEVICHE RÁPIDO

PARA 4 PERSONAS COMO ENTRANTE | 5 MINUTOS, MÁS REFRIGERACIÓN

Cortar en dados de 1 cm **250 g de filetes de pescado blanco muy fresco, sin piel ni espinas**. Picar fina **½ cebolla roja pequeña**, y aliñar con una pizca generosa de sal marina y el **zumo de 2 limas**. Refrigerar 30 minutos, cortar las hojas de **1 cogollo de lechuga pequeño** para usarlas a modo de recipientes y disponerlas en platos. Con una cuchara, servir el pescado curado en la lechuga, regar cada porción con **salsa fácil de guindilla verde** (página 200) y más aceite de oliva virgen extra al gusto, y echar por encima **unas hojas tiernas de menta**.

| CALORÍAS | GRASAS | GR. SAT. | PROTEÍNAS | CARBOH. | AZÚCAR | SAL | FIBRA |
|---|---|---|---|---|---|---|---|
| 156 kcal | 4,6 g | 0,7 g | 24,3 g | 4,5 g | 3,9 g | 1,1 g | 1,7 g |

# PIRULETAS DE POLLO

UNA MANERA RÁPIDA Y DIVERTIDA DE COCINAR CONTRAMUSLOS QUE USA DE DOS MODOS LA SALSA DE GUINDILLA

**PARA 2 PERSONAS**
**20 MINUTOS,**
**MÁS LA MARINADA**

4 contramuslos de pollo
  deshuesados y sin piel

4 cucharadas de salsa fácil de
  guindilla verde (página 200)

½ cebolla roja

2 panes planos

1 ramita de menta

1 Partir por la mitad los contramuslos, mezclar con 2 cucharadas de salsa y un poco de aceite de oliva y dejar marinar en la nevera al menos 2 horas, a ser posible toda la noche. Poner cuatro brochetas de madera en remojo durante una hora antes de usarlas para que no se quemen.

2 Cuando se vayan a cocinar las brochetas, pelar la cebolla, cortarla en juliana muy fina, estrujarla un poco con una buena pizca de sal marina y 2 cucharadas de vinagre de vino tinto, y reservar para elaborar un encurtido rápido.

3 Doblar e insertar 2 trozos de pollo en cada una de las cuatro brochetas (tal vez haya que cortarlas para que quepan en la plancha). Asarlas en la plancha caliente, o bajo el gratinador, entre 12 y 14 minutos o hasta que el pollo esté cocido, dándole la vuelta con frecuencia.

4 Calentar los panes planos. Disponer 1 cucharada de salsa fácil de guindilla verde en cada uno y un par de brochetas. Echar por encima el encurtido de cebolla roja, romper unas hojas tiernas de menta, extraer el palo de las brochetas y enrollar. Acompañar con una ensalada.

## Y EN FREIDORA DE AIRE...

Cocinar las brochetas en una sola capa a 200 °C, recortando la madera y trabajando en tandas si es necesario, durante 20 minutos o hasta que estén listas, dándoles la vuelta a media cocción.

| CALORÍAS | GRASAS | GR. SAT. | PROTEÍNAS | CARBOH. | AZÚCAR | SAL | FIBRA |
|---|---|---|---|---|---|---|---|
| 474 kcal | 16,9 g | 3,6 g | 36,8 g | 42,4 g | 6,1 g | 1,7 g | 2,6 g |

---

# REALZAR UNOS GARBANZOS

Aunque antes se veían anticuados, si ahora los garbanzos están de moda es por algo. No solo cuentan como una ración de las «5 al día», sino que es una legumbre fantástica que puede freírse, asarse o guisarse, servirse en una crema o convertirse en salsa, y admite especias de todo el mundo. Tanto si los compras en lata como en tarro o secos, incorporar esta proteína vegetal rica en fibra a nuestra vida solo puede traer cosas buenas, para nosotros y para el planeta. Así pues, te invito a disfrutar de las recetas favoritas con garbanzos que solemos comer en casa.

# ENSALADA PICADA CON GARBANZOS

**LA LEGUMBRE SE TRANSFORMA EN UN SEDOSO HUMUS Y EN UNOS BOCADOS CRUJIENTES QUE APORTAN TEXTURA**

**PARA 4 PERSONAS**
**15 MINUTOS**

2 latas (de 400 g cada una)
de garbanzos

1 cucharadita de dukkah

1 diente de ajo

1 limón

4 cucharadas de tahini

640 g de verduras crujientes
variadas, como pepino,
pimiento, hinojo, rábano,
tomate

1 manojo de estragón (20 g)

**1** Verter 1 lata de garbanzos, incluido el líquido de la conserva, en una batidora, escurrir la otra lata y añadir la mitad. Echar el resto en una sartén antiadherente a fuego medio-alto con 1 cucharada de aceite de oliva, removiendo con frecuencia, y, cuando estén crujientes, esparcir el dukkah y remover hasta que desprenda su aroma.

**2** Pelar el ajo y echarlo en la batidora, exprimir también el limón, añadir el tahini, triturar hasta obtener una textura homogénea y sazonar al gusto con sal marina y pimienta negra. Repartirlo y extenderlo en cuatro platos.

**3** Preparar las verduras escogidas, deshojar el estragón y picarlo todo en una tabla de cortar grande, mezclándolo sobre la marcha. Aliñar con 2 cucharadas de cada de vinagre de vino tinto y aceite de oliva virgen extra, mezclar bien, sazonar al gusto y disponerlo encima del humus.

**4** Esparcir los garbanzos crujientes, aún calientes, y añadir un chorrito de aceite de oliva virgen extra si se desea. Está rico con una tostada caliente para mojar y usar a modo de cuchara.

| CALORÍAS | GRASAS | GR. SAT. | PROTEÍNAS | CARBOH. | AZÚCAR | SAL | FIBRA |
|----------|--------|----------|-----------|---------|--------|-----|-------|
| 344 kcal | 22,1 g | 3,2 g | 12,5 g | 23,8 g | 5,1 g | 0,5 g | 8,4 g |

# AROMÁTICOS GARBANZOS CON ESPECIAS

**PARA 4 PERSONAS  |  24 MINUTOS**

Poner una cazuela grande poco profunda a fuego medio-alto con **4 cucharadas de pasta de curri de Kerala (u otra pasta de curri suave)** y 1 cucharada de aceite de oliva. Picar y añadir **500 g de tomates maduros**. Cocinar y remover durante 5 minutos; escurrir **1 tarro de 570 g de garbanzos** y añadirlo junto con **1 lata de 400 ml de leche de coco ligera**. Cocer a fuego lento 15 minutos o hasta que espese y adquiera consistencia; chafar algunos garbanzos y remover de vez en cuando. Incorporar **1 cucharada de chutney de mango** y sazonar al gusto con sal marina y pimienta negra.

| CALORÍAS | GRASAS | GR. SAT. | PROTEÍNAS | CARBOH. | AZÚCAR | SAL | FIBRA |
|----------|--------|----------|-----------|---------|--------|-----|-------|
| 287 kcal | 15,3 g | 6 g | 9,5 g | 28,1 g | 9 g | 0,7 g | 8 g |

# LOS GARBANZOS
# DE GENNARO

**PARA 2-4 PERSONAS | 15 MINUTOS**

Pelar **2 dientes de ajo**, cortarlos en rodajas finas y ponerlos en una cazuela grande poco profunda a fuego medio-alto con 1 cucharada de aceite de oliva. Deshojar **2 ramitas de romero**, añadirlas y freír hasta que estén crujientes. Incorporar **2 cucharadas de pasta de tomates secos**, **1 tarro de 570 g de garbanzos** (incluido el líquido de la conserva) y 200 ml de agua. Llevar a ebullición, cocer a fuego suave 5 minutos y romper por encima **180 g de kale**, desechando los tallos más gruesos. Tapar y cocinar 5 minutos más, o hasta que el kale esté tierno, añadiendo agua si fuera necesario. Sazonar al gusto con sal marina y pimienta negra.

| CALORÍAS | GRASAS | GR. SAT. | PROTEÍNAS | CARBOH. | AZÚCAR | SAL | FIBRA |
|----------|--------|----------|-----------|---------|--------|-----|-------|
| 374 kcal | 15,6 g | 2,4 g | 19,1 g | 39,5 g | 2,9 g | 0,5 g | 11,6 g |

# SOPA DE GARBANZOS Y CALABAZA

**A VECES LO ÚNICO QUE SE NECESITA ES UNA RECONFORTANTE SOPA DE TEMPORADA PARA LEVANTARNOS EL ÁNIMO**

**PARA 6 PERSONAS**
**55 MINUTOS**

1 calabaza moscada (1,2 kg)

2 cebollas

2 ramas de apio

10 g de boletus deshidratados

800 g de garbanzos

2 cubitos de caldo concentrado de verduras o de pollo

250 g de restos variados de pasta

2 ramitas de romero

40 g de parmesano

**1** Partir la calabaza por la mitad a lo largo, retirar las semillas y cortarla en dados de 1 cm. Ponerla en una cazuela grande poco profunda a fuego medio con 2 cucharadas de aceite de oliva, removiendo de vez en cuando.

**2** Pelar las cebollas, limpiar el hinojo, cortarlos en dados de 1 cm y añadirlos a la cazuela. Picar finos los boletus e incorporarlos. Cocinarlo durante 15 minutos o hasta que empiece a tomar color, removiendo de vez en cuando.

**3** Agregar los garbanzos, incluido el líquido de la conserva, preparar con los cubitos 1,2 litros de caldo, añadirlo cuando esté caliente y cocer a fuego lento durante 15 minutos. Pasar una cuarta parte de la sopa al vaso de la batidora, triturarlo bien y ponerlo de nuevo en la cazuela, junto con la pasta.

**4** Cocer 15 minutos más, o hasta que la pasta esté cocida y la sopa haya espesado un poco, añadiendo un chorrito de agua si fuera necesario. Sazonar al gusto con sal marina, pimienta negra y un poco de vinagre de vino tinto.

**5** Poner las hojas del romero en un mortero, machacar hasta obtener una pasta con una pizquita de sal e incorporar 4 cucharadas de aceite de oliva virgen extra. Servir la sopa con un chorrito de este aceite y un poco de parmesano rallado.

| CALORÍAS | GRASAS | GR. SAT. | PROTEÍNAS | CARBOH. | AZÚCAR | SAL | FIBRA |
|---|---|---|---|---|---|---|---|
| 456 kcal | 17,6 g | 3,4 g | 16 g | 62,9 g | 12,6 g | 1,2 g | 8,1 g |

# USOS PARA LAS TORTILLAS

Las tortillas se pueden adquirir en todos los comercios hoy en día y a menudo me preguntan por maneras divertidas de usarlas; parecen ser uno de esos ingredientes que la gente compra y luego deja languidecer en el fondo del cajón del pan. Así pues, al ser uno de los alimentos más populares pero también más desperdiciados, espero que con las siguientes recetas vuelvas a interesarte por ellas. Vamos a ser creativos y a divertirnos con las tortillas.

# SÁNDWICH TOSTADO TIPO QUESADILLA

**ADORO LOS SÁNDWICHES TOSTADOS, PERO ESTE TIENE ALGO QUE LO CONVIERTE EN UNO DE MIS FAVORITOS**

**PARA 2 PERSONAS**
**15 MINUTOS**

4 tortillas de harina

2 huevos

2 cucharaditas de pasta
de curri con guindilla y ajo
(o la que se prefiera)

½ pepino

1 lima

2 cebolletas

4 cucharadas de yogur natural

2 cucharadas de coco rallado

**1** Precalentar la sandwichera. Con cuidado, poner 2 tortillas en la base, haciendo un hueco en el centro de cada una, y cascar en ellos los huevos.

**2** Untar las otras 2 tortillas con la pasta de curri, ponerlas encima de los huevos, doblar hacia dentro el sobrante que cuelgue por fuera, cerrar la sandwichera y tostar durante 10 minutos o hasta que estén doradas.

**3** Cortar el pepino en rodajas muy finas, mezclar con el zumo de media lima y una buena pizca de sal marina, y dejar reposar para que se haga un encurtido rápido. Limpiar las cebolletas, cortarlas en rodajas finas, mezclar casi todas con el yogur, el coco y el zumo de la otra media lima, y sazonar al gusto con sal y pimienta negra.

**4** Dividir en porciones el sándwich tostado, echar por encima el yogur aromatizado y el pepino encurtido, y esparcir el resto de los aros de cebolleta.

| CALORÍAS | GRASAS | GR. SAT. | PROTEÍNAS | CARBOH. | AZÚCAR | SAL | FIBRA |
|---|---|---|---|---|---|---|---|
| 347 kcal | 14,2 g | 5,6 g | 15,6 g | 39,6 g | 7,1 g | 1,4 g | 1,4 g |

# ENCHILADAS CON ESPECIAS CAJÚN

¿CREES QUE NO TIENES NADA PARA CENAR? CON UNAS LATAS Y ALGO DEL CONGELADOR, ¡SOLUCIONADO!

**PARA 4-6 PERSONAS**
**PREPARACIÓN: 20 MINUTOS**
**COCCIÓN: 30 MINUTOS**

2 boniatos grandes (de 350 g
   cada uno)

2 dientes de ajo

4 cucharaditas de especias
   cajún

800 g de tomates pera
   en conserva

320 g de maíz congelado

1 manojo de cebolletas

8 tortillas de maíz

400 g de alubias negras
   en conserva

300 g de requesón

opcional: salsa de guindilla
   para acompañar

**1** Precalentar el horno a 180 °C. Limpiar los boniatos, pincharlos bien con un tenedor y cocerlos en el microondas a máxima potencia (800 W) durante 12 minutos o hasta que estén tiernos.

**2** Pelar el ajo, cortarlo en rodajas finas, ponerlo en una sartén antiadherente grande a fuego medio-alto con 1 cucharada de aceite de oliva y freírlo hasta que empiece a dorarse, removiendo con frecuencia. Agregar 1 cucharadita de especias cajún y, 1 minuto después, los tomates, rompiéndolos con una cuchara. Cocer a fuego lento 5 minutos y sazonar al gusto con sal marina y pimienta negra.

**3** Verter la salsa de tomate en una fuente para el horno de 20 cm x 30 cm. Pasar un papel de cocina por la sartén para limpiarla y asar en seco el maíz a fuego alto hasta que se dore. Limpiar las cebolletas, cortarlas en rodajas finas y echar a la sartén la parte blanca con 1 cucharadita de especias cajún. Cuando empiecen a dorarse, sacar la sartén del fuego.

**4** Partir en cuartos a lo largo los boniatos y chafar un cuarto en cada tortilla, echar por encima la mezcla de maíz, enrollar y meter en la salsa.

**5** Escurrir las alubias, mezclarlas con las 2 cucharaditas restantes de especias cajún y 1 cucharada de vinagre de vino tinto, echarlo sobre las tortillas, disponer el requesón por encima con una cuchara, rociar con 1 cucharada de aceite y hornear 30 minutos, o hasta que esté dorado y burbujee.

**6** Terminar con los aros de cebolleta verde reservados y salsa de guindilla si se desea.

| CALORÍAS | GRASAS | GR. SAT. | PROTEÍNAS | CARBOH. | AZÚCAR | SAL | FIBRA |
|---|---|---|---|---|---|---|---|
| 651 kcal | 16,8 g | 4,7 g | 26 g | 97,3 g | 28,2 g | 1,6 g | 16 g |

# TORTILLA CON CORDERO DORADO Y ENSALADA CRUJIENTE

**EN SOLO 10 MINUTOS, UNA COMIDA PARA UNO LLENA DE SABOR QUE DELEITA Y SORPRENDE**

**PARA 1 PERSONA**
**10 MINUTOS**

¼ de una cebolla roja

1 cucharadita de semillas de hinojo

125 g de carne de cordero picada

1 tortilla grande integral

2 ramitas de menta

½ guindilla roja fresca

160 g de verduras crujientes variadas, como pepino, pimiento, cebolla roja, rábano, zanahoria

1 cucharadita de miel líquida

1 cucharadita de pistachos sin cáscara y sin sal

**1** Pelar la cebolla y picarla fina con las semillas de hinojo, aplastar y mezclar bien con la carne picada, sazonar con sal marina y pimienta negra, y extender la mezcla por la tortilla.

**2** Poner la tortilla, con la carne picada hacia abajo, en una sartén grande a fuego medio-alto y cocinar 5 minutos o hasta que la carne esté dorada y la tortilla crujiente por los bordes, doblándola de vez en cuando para que se impregne de la grasa de la sartén.

**3** Deshojar la menta en un bol. Picar la guindilla en rodajas finas y echarla al bol. Preparar y cortar en lonchas finas (con cuchillo o pelador) las verduras crujientes para conseguir bocados delicados y fáciles de comer, añadirlas al bol y aliñarlas con un poco de vinagre de vino tinto y aceite de oliva virgen extra, y sazonar al gusto.

**4** Darle la vuelta a la tortilla dorada sobre un plato, regar con la miel, disponer la ensalada encima, esparcir los pistachos ¡y a comer!

| CALORÍAS | GRASAS | GR. SAT. | PROTEÍNAS | CARBOH. | AZÚCAR | SAL | FIBRA |
|---|---|---|---|---|---|---|---|
| 515 kcal | 25,8 g | 8 g | 33,2 g | 38,9 g | 12,3 g | 1,2 g | 7,4 g |

# NACHOS DE ALUBIAS NEGRAS CON QUESO

**SI TU COCINA ES DE GAS, CHAMUSCAR LAS TORTILLAS APORTA MUCHÍSIMO SABOR A ESTOS NACHOS RÁPIDOS**

**PARA 4 PERSONAS**
**19 MINUTOS**

4 tortillas grandes integrales

400 g de alubias negras
 en conserva

2 cucharaditas de especias
 cajún

60 g de queso cheddar

160 g de tomates maduros

1-2 cucharadas de salsa
 de chile chipotle

1 manojo de cebollino (20 g)

4 cucharadas de crema agria

1 limón

**1** Precalentar el gratinador a alta temperatura. Tostar las tortillas sobre la llama de una cocina de gas, dándoles la vuelta con unas pinzas hasta que empiecen a quemarse, y romperlas en trozos sobre una fuente para el horno grande.

**2** Escurrir las alubias, mezclarlas con las especias cajún y 1 cucharada de aceite de oliva, y echarlas por encima de las tortillas. Chafarlas un poco con un tenedor. Rallar el queso por encima y gratinar de 3 a 5 minutos, o hasta que quede dorado y crujiente.

**3** En una batidora, triturar los tomates con 1 cucharada de cada de aceite de oliva virgen extra y vinagre de vino tinto, y añadir al gusto salsa chipotle, sal marina y pimienta negra. Verterlo en un bol y agregar más salsa chipotle si se desea.

**4** Aclarar el vaso de la batidora y triturar el cebollino con la crema agria y el zumo del limón, reservando algunos tallos de cebollino para decorar si se desea. Sazonar al gusto y verter en un segundo bol. Servir para acompañar los nachos ¡y a untar!

| CALORÍAS | GRASAS | GR. SAT. | PROTEÍNAS | CARBOH. | AZÚCAR | SAL | FIBRA |
|---|---|---|---|---|---|---|---|
| 381 kcal | 18,1 g | 7,6 g | 14,5 g | 35,1 g | 4,9 g | 1,6 g | 10,9 g |

# SABROSOS TAGLIATELLE DE TORTILLAS

**SI SE TE TERMINA LA PASTA PERO IGUALMENTE QUIERES UN PLATO RECONFORTANTE, PRUEBA ESTE. RIQUÍSIMO**

**PARA 2 PERSONAS**
**15 MINUTOS**

2 tortillas de harina grandes

2 dientes de ajo

½-1 guindilla roja fresca

1 lata (de 400 g) de tomates pera

8 aceitunas negras con hueso

½ mozzarella de 125 g

2 ramitas de albahaca

**1** Calentar las tortillas en una sartén antiadherente grande a fuego alto durante solo 20 segundos, para poder enrollarlas apretando bien, y cortarlas en tiras de 1 cm de ancho. Esparcir las tiras de nuevo en la sartén y remover hasta que estén doradas y crujientes. Reservar.

**2** Pelar el ajo y partirlo en láminas finas junto con la guindilla. Bajar el fuego a medio y echar 1 cucharada de aceite de oliva, el ajo y la guindilla y freír hasta que empiecen a dorarse, removiendo con frecuencia.

**3** Verter los tomates, rompiéndolos con una cuchara, llenar la lata con agua hasta una cuarta parte, darle unas vueltas y echar el agua en la sartén, cocer a fuego lento 5 minutos y sazonar al gusto con sal marina y pimienta negra.

**4** Incorporar a la salsa las tiras crujientes de tortilla, trocear las aceitunas por encima (desechando el hueso), la mozzarella y las hojas de albahaca, y echar un chorrito de aceite de oliva virgen extra, si se desea. Servir con una ensalada verde.

| CALORÍAS | GRASAS | GR. SAT. | PROTEÍNAS | CARBOH. | AZÚCAR | SAL | FIBRA |
| --- | --- | --- | --- | --- | --- | --- | --- |
| 352 kcal | 16,4 g | 6,6 g | 13,6 g | 36,1 g | 10,1 g | 1,6 g | 5,8 g |

# BOL DE QUESADILLA CON ENSALADA

**COMPARTIR UNA FRESCA ENSALADA CRUJIENTE EN UNA QUESADILLA TIENE ALGO DE LO MÁS SATISFACTORIO...**

**PARA 2 PERSONAS**
**10 MINUTOS**

75 g de queso cheddar

2 tortillas de harina grandes

1 cebolleta

80 g de maíz dulce en conserva (peso escurrido)

200 g de verduras para ensalada, como pepino, pimiento, guindilla, endivia, rúcula, espinaca, rábano, cebolla roja

2 ramitas de menta

**1** Poner una sartén antiadherente grande a fuego medio-alto. Rallar la mitad del queso sobre una de las tortillas. Picar fina la cebolleta y añadirla, esparcir el maíz, rallar el resto del queso, colocar la otra tortilla encima y apretar bien.

**2** Cocerla 2 minutos por cada lado o hasta que se dore. Cuando aún esté caliente, meter la quesadilla en un bol poco profundo. La idea es elaborar un bol comestible.

**3** Mientras la quesadilla se cuece, preparar la ensalada; yo suelo utilizar peladores de verduras y cuchillos de corte ondulado para que sea más divertido. Deshojar la menta, picarla fina, añadirla a la ensalada y aliñar con 1 cucharada de cada de vinagre de vino tinto y aceite de oliva virgen extra, y una pizca de sal marina y pimienta negra.

**4** Disponer la ensalada en el bol de la quesadilla y servir.

| CALORÍAS | GRASAS | GR. SAT. | PROTEÍNAS | CARBOH. | AZÚCAR | SAL | FIBRA |
|---|---|---|---|---|---|---|---|
| 430 kcal | 23,8 g | 10,5 g | 16,9 g | 36,5 g | 5 g | 1,8 g | 3,7 g |

# PAQUETITO DE HELADO CALIENTE Y CRUJIENTE

**LAS TORTILLAS TAMBIÉN CASAN DE MARAVILLA CON LOS DULCES Y ESTE ES UN POSTRE RAPIDÍSIMO. ¡UNA GLORIA!**

**PARA 1 PERSONA**
**4 MINUTOS**

1 tortilla de harina

1 plátano maduro

1 cucharada colmada
   de Nutella

50 g de helado de vainilla

1 nuez de mantequilla sin sal

1 cucharada de sirope de arce

canela molida para espolvorear

**1** Calentar la tortilla en una sartén antiadherente a fuego medio durante solo 20 segundos y reservar. Pelar el plátano, partirlo por la mitad y ponerlo en la sartén con el lado cortado hacia abajo.

**2** Untar la Nutella en el centro de la tortilla, disponer la bola de helado encima y doblar hacia dentro los lados de la tortilla para cubrir el relleno.

**3** Echar la mantequilla en la sartén, dejar que se derrita y añadir el paquetito de la tortilla, con el lado doblado hacia abajo, durante 1 minuto o hasta que se dore. Darle la vuelta a la tortilla y al plátano, dejarlo otro minuto más y emplatar.

**4** Abrir la tortilla, regar con el sirope de arce y servir enseguida espolvoreada con un poco de canela al gusto.

| CALORÍAS | GRASAS | GR. SAT. | PROTEÍNAS | CARBOH. | AZÚCAR | SAL | FIBRA |
|---|---|---|---|---|---|---|---|
| 499 kcal | 25,7 g | 13,7 g | 9,5 g | 81,6 g | 48,8 g | 0,7 g | 4,9 g |

# POSTRES PERFECTOS

Porque todos merecemos darnos un capricho de vez en cuando. Y, por supuesto, en estas recetas también ofrezco trucos y atajos, así que te será fácil preparar algo delicioso para compartir con tus seres queridos. Si es que quieres compartir, claro...

# TARTA BANOFFEE CON YOGUR HELADO

**PRUEBA ESTA NUEVA VERSIÓN DE TODO UN CLÁSICO INGLÉS. ES RÁPIDA, ES DIVERTIDA Y SIEMPRE CONQUISTA**

**PARA 10 PORCIONES**
**15 MINUTOS,**
**MÁS REFRIGERACIÓN**
**Y CONGELADO**

200 g de dátiles blandos sin hueso

200 g de almendras fileteadas

½ cucharadita de canela molida

198,5 g de dulce de leche

2 plátanos maduros (200 g en total)

½ lima

2 cucharaditas de pasta de vainilla

500 g de yogur griego

50 g de chocolate negro (70%)

**1** Para la base, triturar los dátiles, las almendras y la canela en un robot de cocina hasta obtener una masa fina y pegajosa, ponerla en una hoja grande de papel de horno, doblarlo por encima y, con un rodillo, extenderla en un rectángulo de 26 cm x 32 cm y algo menos de ½ cm de grosor.

**2** Levantar la masa con cuidado —papel incluido— y ponerla en una bandeja honda de 24 cm x 30 cm, encajándola en las esquinas. Con una cuchara, presionar y levantarla para que cubra también los laterales. Distribuir de manera uniforme el dulce de leche por la base. Pelar los plátanos, cortarlos en rodajas, mezclarlos con la piel rallada y el zumo de la lima y disponerlos encima del dulce de leche. Mezclar la vainilla con el yogur y echarlo a cucharadas por encima.

**3** Refrigerar la tarta en la nevera hasta una hora antes de servirla. Entonces, pasarla al congelador 1 hora para que se cuaje un poco pero aún pueda cortarse en porciones. Servir enseguida con chocolate en virutas o rallado.

| CALORÍAS | GRASAS | GR. SAT. | PROTEÍNAS | CARBOH. | AZÚCAR | SAL | FIBRA |
|---|---|---|---|---|---|---|---|
| 328 kcal | 17,3 g | 5,5 g | 9,1 g | 37,8 g | 31,8 g | 0,1 g | 4,5 g |

# YOGUR HELADO EN 5 MINUTOS

**¿TIENES ANTOJO DE ALGO DULCE Y SATISFACTORIO? ESTA RECETA RÁPIDA Y NUTRITIVA ES JUSTO LO QUE NECESITAS**

**PARA 6-8 RACIONES**
**5 MINUTOS,**
**MÁS CONGELACIÓN**

2 plátanos maduros (200 g
    en total)

500 g de fruta congelada

500 g de yogur natural
    o crème fraîche

2 cucharadas de sirope de flor
    de saúco

**1** Pelar los plátanos, cortarlos en rodajas y congelarlos, con antelación a poder ser.

**2** En un robot de cocina, triturar los plátanos con la fruta congelada que se quiera, el yogur natural o la crème fraîche y el sirope de flor de saúco hasta que esté uniforme. A medio proceso, parar y despegar la fruta adherida a las paredes con una espátula.

**3** Servir en boles o conos lo que se quiera comer y congelar el resto en un recipiente adecuado.

**4** Si se deja toda una noche o más, cuando se vaya a servir pasarlo del congelador a la nevera para que se descongele poco a poco antes de tomarlo.

| CALORÍAS | GRASAS | GR. SAT. | PROTEÍNAS | CARBOH. | AZÚCAR | SAL | FIBRA |
|---|---|---|---|---|---|---|---|
| 302 kcal | 15,5 g | 5,3 g | 3,9 g | 44,5 g | 22,3 g | 0,4 g | 1,6 g |

# EL HELADO MÁS FÁCIL

**UN MÉTODO QUE NO REQUIERE BATIR EL HELADO, SUPONE UN ESFUERZO MÍNIMO Y ADMITE CUALQUIER SABOR**

**PARA 12 PORCIONES**
**PREPARACIÓN: 9 MINUTOS**
**CONGELACIÓN: 4 HORAS**
**DESCONGELACIÓN: 30 MINUTOS**

600 ml de nata (48 %
de contenido en grasa)

1 lata (de 397 g) de leche
condensada

## OPCIONES DE SABORES (ESCOGER UNA)

1 bolsa (de 102 g) de Maltesers

4 Aeros de menta

½ tarro de mermelada
de albaricoque

½ tarro de mermelada de
frambuesa y 200 g
de frambuesa

**1** En un bol grande, batir la nata hasta que se formen picos suaves e incorporar la leche condensada hasta que se integre bien.

**2** Escoger una opción de sabor. Si se usan Maltesers o Aero, machacarlos en trozos de diferentes tamaños —pequeños, grandes y en polvo, para que haya variedad— e incorporar casi todos a la mezcla anterior, reservando un puñadito. Si se emplea mermelada o fruta, añadirla creando ondas y reservar algunas frutas para decorar.

**3** Forrar un envase apto para el congelador o un molde rectangular con una hoja de papel de horno (humedecerla y arrugarla en una bola antes). Verter la mezcla asegurándose de que llega a todas las esquinas, esparcir por encima el chocolate o las frutas reservadas, tapar y congelar durante al menos 4 horas o hasta que haya cuajado.

**4** Para servirlo, pasarlo del congelador a la nevera entre 30 minutos y 1 hora antes de comerlo para que se descongele un poco y adquiera una consistencia que permita cortarlo. Darle la vuelta sobre una tabla, retirar el papel de horno y partirlo con cuidado con un cuchillo caliente.

## VARIACIONES FÁCILES

Se puede experimentar con las barritas de chocolate que se prefieran o las combinaciones de mermelada, crema o fruta fresca favoritas. Esta receta es fantástica para lanzarse a probar y divertirse a tope.

| CALORÍAS | GRASAS | GR. SAT. | PROTEÍNAS | CARBOH. | AZÚCAR | SAL | FIBRA |
|---|---|---|---|---|---|---|---|
| 379 kcal | 30 g | 18,7 g | 3,9 g | 24,4 g | 23,5 g | 0,2 g | 0,1 g |

# FABULOSOS GRANIZADOS CON FRUTA EN LATA

**CÓMODA, ECONÓMICA Y SIEMPRE DISPONIBLE, LA FRUTA EN LATA SE TRADUCE EN UN POSTRE SABROSO Y RÁPIDO**

## PARA 6 PORCIONES
## PREPARACIÓN: 5 MINUTOS
## CONGELACIÓN: 5 HORAS

### MANDARINA

1 lata (de 298 g) de mandarinas
   en almíbar

25 ml de Campari

### CEREZA

1 lata (de 425 g) de cerezas en almíbar

25 ml de whisky

### FRESA

1 lata (de 410 g) de fresas en almíbar

50 ml de sirope de flor de saúco

el zumo de ½ limón

### PERA

1 lata (de 410 g) de peras en almíbar

un trozo de jengibre de 2 cm (pelado)

el zumo de ½ limón

### PIÑA

1 lata (de 425 g) de piña en almíbar

el zumo de 1 lima

### ALBARICOQUE

1 lata (de 411 g) de albaricoques
   en almíbar

1 cucharadita de pasta de vainilla

**1** Escoger una combinación, poner los ingredientes en el vaso de la batidora o en un robot de cocina y triturar hasta que quede homogéneo. Probar y, si es necesario, ajustar el dulzor con un poco de **azúcar**.

**2** Verter en un plato poco profundo de 20 cm que pueda ir al congelador (a mí me gusta utilizar alguno de esmalte o cerámica que quede bonito en la mesa) y congelar 5 horas. Luego, tapar y dejar en el congelador hasta que se necesite.

**3** A la hora de servirlo, raspar el granizado con dos tenedores para romper los cristales de hielo. Hay que trabajar rápido, ¡pero vale la pena! Está delicioso servido con nata montada, yogur, crème fraîche o unas natillas. Aguanta en el congelador hasta 3 meses.

| CALORÍAS | GRASAS | GR.SAT. | PROTEÍNAS | CARBOH. | AZÚCAR | SAL | FIBRA |
|----------|--------|---------|-----------|---------|--------|-----|-------|
| 40 kcal | 0 g | 0 g | 0,2 g | 8 g | 7,7 g | 0 g | 0,3 g |

ESTOS VALORES SE HAN CALCULADO SEGÚN LOS INGREDIENTES DEL GRANIZADO DE MANDARINA.

# IRRESISTIBLE
# BIZCOCHO DE CHOCOLATE

Las siguientes páginas se las dedico con cariño a mi mujer, Jools, que tal vez sea una de las personas más obsesionadas con el chocolate que he conocido en mi vida. Lo que propongo es un bizcocho de chocolate intenso y goloso que, encima, no contiene gluten (por lo que también les gustará a Poppy y Petal). Con este bizcocho tan estupendo y delicioso se pueden elaborar muchas recetas diferentes y sorprendentes; debo decir que el tiramisú es la bomba. Sea cual sea la receta que decidas probar primero, lo mejor es que el tiempo de cocción siempre será de 15 minutos, por lo que podrás preparar un postre tentador aunque dispongas de poco tiempo.

# BIZCOCHO DE CHOCOLATE GOLOSO

**SIN HARINA, INTENSO, ADICTIVO... EN DEFINITIVA, DELICIOSO: LA RECETA QUE TODOS NECESITAMOS**

**PARA 16 PORCIONES**
**PREPARACIÓN: 20 MINUTOS**
**COCCIÓN: 15 MINUTOS**

300 g de chocolate negro
(70 %)

100 g de mantequilla sin sal

8 huevos grandes

200 g de azúcar extrafino

2 cucharadas de cacao en polvo

**1** Precalentar el horno a 180 °C. Partir el chocolate, echarlo en un bol grande que resista el calor, agregar la mantequilla y ponerlo encima de un cazo con agua hirviendo a fuego lento, removiendo con frecuencia y asegurándose de que el agua no toque la base del bol. Dejar enfriar ligeramente.

**2** Separar las yemas de las claras. Poner las yemas y el azúcar en el vaso de un robot mezclador con varillas, o en un bol grande si se usan unas varillas eléctricas. Batir durante 2 minutos, o hasta obtener una textura pálida y esponjosa, e incorporar el chocolate derretido.

**3** Con un robot mezclador o varillas eléctricas, montar las claras de huevo con una pizca de sal marina en otro bol hasta que estén a punto de nieve. Incorporar poco a poco y con cuidado las claras a la mezcla de chocolate. Luego tamizar y agregar el cacao.

**4** En función de la receta escogida (páginas 246 a 252), verter la masa directamente en un molde engrasado de 25 cm x 30 cm o extenderla de manera uniforme en una bandeja forrada con papel de horno de 30 cm x 40 cm.

**5** Hornear durante 15 minutos exactos, hasta que esté elástico al tacto y húmedo en el centro. Sacar del horno y seguir con el resto de la receta.

| CALORÍAS | GRASAS | GR. SAT. | PROTEÍNAS | CARBOH. | AZÚCAR | SAL | FIBRA |
|---|---|---|---|---|---|---|---|
| 238 kcal | 13,9 g | 7,5 g | 4,9 g | 25,3 g | 24,9 g | 0,2 g | 0,8 g |

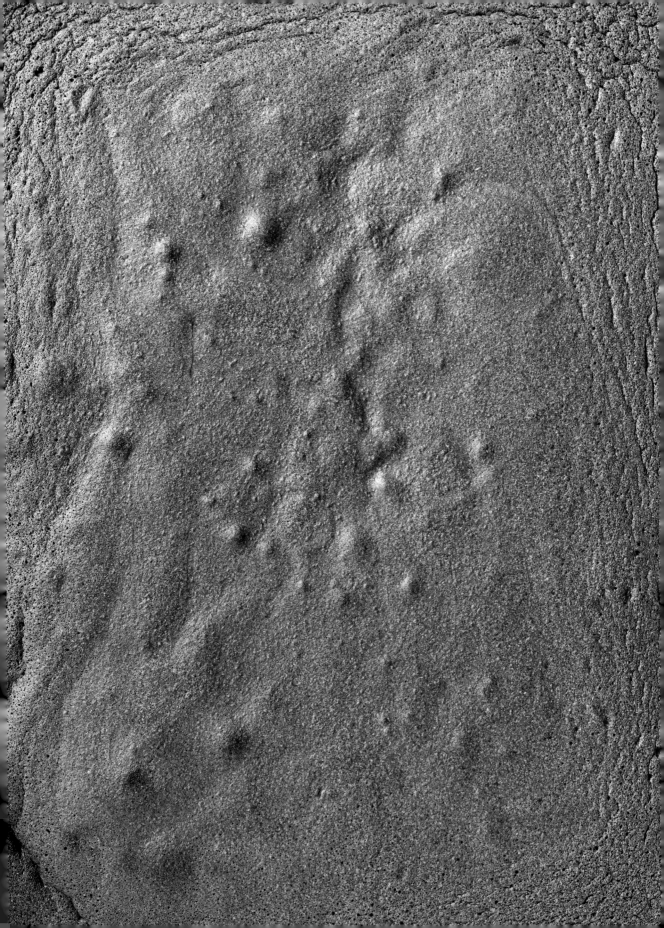

# TIRAMISÚ DE CHOCOLATE

**SOY MUY FAN DEL TIRAMISÚ Y ESTA VERSIÓN-HOMENAJE, SINCERAMENTE, ES UNA GLORIA. ¡ESTÁ BUENÍSIMO!**

**PARA 16 PORCIONES**
**42 MINUTOS,**
**Y ALGO MÁS PARA ENFRIAR**

1 bizcocho de chocolate goloso
  (página 244)

150 ml de café cargado

50 ml de Cointreau

500 g de requesón

500 g de queso mascarpone

2 cucharaditas de pasta
  de vainilla

2 cucharadas de azúcar extrafino

½ naranja

cacao en polvo para espolvorear

**1** Preparar el bizcocho de chocolate goloso (página 244). Hornearlo directamente en un molde engrasado de 25 cm x 30 cm a 180 °C durante 15 minutos exactos, hasta que esté elástico al tacto y húmedo en el centro.

**2** Pinchar el bizcocho varias veces con una brocheta o un cuchillo afilado, verter uniformemente por encima el café y el Cointreau y dejar enfriar.

**3** En un bol grande, mezclar el requesón, el mascarpone, la pasta de vainilla y el azúcar, batir hasta obtener una mezcla suave y sedosa, y repartir por encima del bizcocho empapado. Se le puede echar creatividad y realizar un dibujo divertido en la parte superior con el lateral de una espátula o de una pala para tartas.

**4** Rallar fina la piel de la naranja por encima, seguida del cacao espolvoreado, y ya se puede servir. Para darse un homenaje, se puede añadir chocolate negro rallado o en virutas en lugar del cacao en polvo.

**PLANIFICA CON TIEMPO** ———————————————————

Una vez terminado el paso 3, se conserva sin problema en la nevera hasta 2 días. Solo tienes que añadir la ralladura y el cacao antes de servirlo.

| CALORÍAS | GRASAS | GR. SAT. | PROTEÍNAS | CARBOH. | AZÚCAR | SAL | FIBRA |
|---|---|---|---|---|---|---|---|
| 434 kcal | 31,3 g | 18,8 g | 9,3 g | 29,3 g | 28,9 g | 0,3 g | 0,7 g |

# BIZCOCHO CON DOBLE DE NATILLAS

**PARA 12 PORCIONES  |  38 MINUTOS**

Preparar el **bizcocho de chocolate goloso** (página 244). Hornearlo en un molde engrasado de 25 cm x 30 cm a 180 °C durante 15 minutos exactos, hasta que esté elástico al tacto y húmedo en el centro. Servir caliente, recién sacado del horno, acompañado de dos natillas: agregar **400 g de natillas** directamente de la tarrina (o, mejor, frías de la nevera) y calentar otros **400 g de natillas** con **50 g de chocolate negro (70 %)** para obtener natillas de chocolate caliente. Formar ondas por encima del bizcocho y a disfrutar.

| CALORÍAS | GRASAS | GR. SAT. | PROTEÍNAS | CARBOH. | AZÚCAR | SAL | FIBRA |
|---|---|---|---|---|---|---|---|
| 403 kcal | 21,6 g | 11,7 g | 8,6 g | 46,4 g | 43,1 g | 0,3 g | 1,3 g |

# SÁNDWICHES DE HELADO

**PARA 18 UNIDADES**  |  **25 MINUTOS, MÁS CONGELACIÓN**

Preparar el **bizcocho de chocolate goloso** (página 244). Hornearlo en una bandeja forrada con papel de horno de 30 cm x 40 cm a 180 °C durante 15 minutos exactos, hasta que esté elástico al tacto y húmedo en el centro. Dejar enfriar, cortar el bizcocho por la mitad y congelar 1 hora. Dejar que **1 tarrina de 500 g de helado de vainilla** se ablande lo justo para extenderlo sobre uno de los bizcochos, poner encima el otro bizcocho, presionar para formar el sándwich y volver a congelar 1 hora. Cortarlo en 18 porciones y servir con la **mermelada que se prefiera** para ir mojando.

| CALORÍAS | GRASAS | GR. SAT. | PROTEÍNAS | CARBOH. | AZÚCAR | SAL | FIBRA |
|----------|--------|----------|-----------|---------|--------|-----|-------|
| 260 kcal | 15 g | 8,7 g | 5,1 g | 27,8 g | 27,4 g | 0,2 g | 0,8 g |

# BRAZO DE TARTA SELVA NEGRA

**TODOS LOS SABORES DE LA TARTA CLÁSICA, PERO MÁS FÁCIL DE ELABORAR EN UN BONITO BRAZO QUE GUSTARÁ A TODOS**

**PARA 16 PORCIONES**

**48 MINUTOS,
Y ALGO MÁS PARA ENFRIAR**

1 bizcocho de chocolate goloso
(página 244)

cacao en polvo para
espolvorear

600 ml de nata (48 % de
contenido en grasa)

2 cucharaditas de pasta
de vainilla

1 cucharada de azúcar glas

370 g de mermelada de cerezas

185 g de cerezas al kirsch
en conserva

100 g de avellanas tostadas
picadas

**1** Preparar el bizcocho de chocolate goloso (página 244). Hornearlo en una bandeja forrada con papel de horno de 30 cm x 40 cm a 180 °C durante 15 minutos exactos, hasta que esté elástico al tacto y húmedo en el centro. Con confianza, darle la vuelta sobre un papel de horno espolvoreado generosamente con cacao. Dejar que se enfríe por completo.

**2** En un bol grande, batir la nata y la vainilla hasta que se formen picos suaves. Luego tamizar e incorporar el azúcar glas.

**3** Retirar el papel en el que se ha horneado el bizcocho. Extender la mermelada por el bizcocho, regarlo con jugo al kirsch del tarro de cerezas y repartir tres cuartas partes de la nata. Echar por encima casi todas las avellanas y las cerezas.

**4** Con ayuda del papel de horno de la base, enrollar el bizcocho desde el lado más largo, apretando bien (se cuarteará un poco, pero no pasa nada).

**5** Decorar el brazo con la nata y las cerezas restantes, rallar por encima un poco más de chocolate, si se desea, esparcir las avellanas sobrantes y regar con 2 cucharadas del jugo al kirsch. Servir enseguida o guardar en la nevera hasta que se necesite. Si se prepara con antelación, sacarlo de la nevera 20 minutos antes de servir.

| CALORÍAS | GRASAS | GR. SAT. | PROTEÍNAS | CARBOH. | AZÚCAR | SAL | FIBRA |
|---|---|---|---|---|---|---|---|
| 495 kcal | 34,4 g | 19,5 g | 6,1 g | 42,5 g | 37,5 g | 0,1 g | 1,3 g |

# PASTEL DE FIESTA RÁPIDO

**ESTE PASTEL DE APARIENCIA MODESTA ESTÁ RIQUÍSIMO Y ES MUY FÁCIL DE TRANSPORTAR PARA DAR UNA BUENA SORPRESA**

**PARA 16 PERSONAS O MÁS**
**27 MINUTOS,**
**Y ALGO MÁS PARA ENFRIAR**

1 bizcocho de chocolate goloso
(página 244)

150 g de mantequilla sin sal
a punto de pomada

250 g de azúcar glas

25 g de cacao en polvo

2 cucharadas de leche

las decoraciones que
se prefieran

**1** Preparar el bizcocho de chocolate goloso (página 244). Hornearlo directamente en un molde engrasado de 25 cm x 30 cm a 180 °C durante 15 minutos exactos, hasta que esté elástico al tacto y húmedo en el centro. Dejar enfriar. Si no se va a servir en ese mismo molde, forrarlo con una hoja de papel de horno humedecida y arrugada en una bola antes de añadir la masa.

**2** Para preparar la crema de mantequilla, batir la mantequilla en un robot mezclador con varillas, o en un bol grande si se usan unas varillas eléctricas, durante 2 minutos o hasta que esté cremosa. Tamizar el azúcar glas y el cacao, e ir incorporándolos al robot hasta que se integren bien. Añadir la leche y batir 5 minutos más, o hasta obtener una textura pálida y esponjosa.

**3** Extender la crema de mantequilla por encima del bizcocho enfriado o disponerla con una manga pastelera si se quiere un aspecto más cuidado. Echar por encima los confites que se hayan escogido o cualquier otra decoración extra y servir, o bien guardar en la nevera hasta que se necesite.

**EL ÚLTIMO TOQUE** ───────────────────────────

Una vez le puse caramelos con chasquido y a todo el mundo le encantó. ¡Un poco infantil, pero divertidísimo!

| CALORÍAS | GRASAS | GR. SAT. | PROTEÍNAS | CARBOH. | AZÚCAR | SAL | FIBRA |
|---|---|---|---|---|---|---|---|
| 375 kcal | 22 g | 12,6 g | 5,3 g | 42 g | 41,2 g | 0,2 g | 0,7 g |

# TARTA TATIN DE PERA Y JENGIBRE

**PERAS EN SU JUGO, INTENSO JENGIBRE EN CONSERVA Y HOJALDRE SE COMBINAN EN UN POSTRE SOBRESALIENTE**

**PARA 8 PERSONAS**
**PREPARACIÓN: 20 MINUTOS**
**COCCIÓN: 25 MINUTOS**

820 g de medias peras
    en su jugo

1 tarro (de 350 g) de trozos
    de jengibre en almíbar

1 vaina de vainilla
    o 1 cucharadita de extracto
    de vainilla

75 g de avellanas escaldadas

1 ramita de romero

1 lámina (de 320 g) de hojaldre
    preparado

**1** Precalentar el horno a 180 °C. Escurrir el jugo de las peras y verterlo en una fuente para el horno de 25 cm x 30 cm. Poner la fuente sobre la placa a fuego medio-alto. Verter también el almíbar del jengibre, cortar en cuartos o en rodajas los trozos de jengibre y añadirlos.

**2** Agregar la vainilla (si se usa una vaina, partirla por la mitad a lo largo y raspar las semillas). Hervir 10 minutos o hasta que reduzca a la consistencia de la miel.

**3** Incorporar las peras y las avellanas, deshojar el romero, picarlo y añadirlo, y regarlo todo con 2 cucharadas de aceite de oliva virgen extra.

**4** Disponer las peras de manera bonita y extender la lámina de hojaldre por encima. Con ayuda de una cuchara, meter los bordes por dentro de la fuente. Hornear durante 25 minutos, o hasta que esté dorado y crujiente, y sacar del horno.

**5** Pasar una espátula acodada por el borde de la fuente y, con cuidado pero con confianza, darle la vuelta sobre una tabla de cortar. Servir con crème fraîche o helado.

| CALORÍAS | GRASAS | GR. SAT. | PROTEÍNAS | CARBOH. | AZÚCAR | SAL | FIBRA |
|----------|--------|----------|-----------|---------|--------|-----|-------|
| 495 kcal | 34,4 g | 19,5 g | 6,1 g | 42,5 g | 37,5 g | 0,3 g | 1,3 g |

# PUDIN DE TOFFEE LEGENDARIO

**UNO DE LOS POSTRES DE INFANCIA QUE ME HACE SONREÍR. PREPARADO EN UNA FUENTE PARA MAYOR FACILIDAD**

**PARA 16 PORCIONES**
**46 MINUTOS**

2 bolsitas de té Earl Grey

200 g de dátiles medjool

1 cucharadita de bicarbonato
de soda

1 cucharadita de canela molida

1 cucharadita de jengibre molido

½ nuez moscada

350 g de mantequilla sin sal,
y un poco más para engrasar

350 g de azúcar extrafino

350 g de azúcar mascabado

350 g de harina con levadura

4 huevos grandes

50 ml de whisky

300 ml de nata líquida

**1** Precalentar el horno a 160 °C. Poner en infusión las bolsas de té con 175 ml de agua hirviendo, deshuesar los dátiles y añadirlos, incorporar el bicarbonato y dejar reposar 10 minutos.

**2** Sacar las bolsas de té y triturar la mezcla en un robot de cocina. Agregar al robot la canela y el jengibre, rallar la nuez moscada, añadir 175 g de mantequilla y 175 g de cada azúcar, toda la harina y los huevos, y batirlo hasta que esté homogéneo.

**3** Engrasar con mantequilla una fuente para el horno de 20 cm x 30 cm, verter la masa y hornear durante 35 minutos o hasta que al introducir un pincho salga limpio.

**4** Para preparar la salsa de caramelo, poner la mantequilla y los azúcares restantes en un cazo junto con el whisky. Cocer a fuego medio durante 5 minutos hasta que esté brillante y adquiera una consistencia que pueda servirse a cucharadas, removiendo de vez en cuando; luego sacar del fuego e incorporar la nata.

**5** En cuando el pudin salga del horno, verter la mitad de la salsa de caramelo y servir el resto en una salsera para rociarla por encima. Está delicioso con ondas de natillas (como se ve en la foto), con nata montada o con helado.

| CALORÍAS | GRASAS | GR. SAT. | PROTEÍNAS | CARBOH. | AZÚCAR | SAL | FIBRA |
|---|---|---|---|---|---|---|---|
| 485 kcal | 24 g | 14,6 g | 4,9 g | 66,1 g | 49,9 g | 0,5 g | 0,7 g |

# FRUTA ASADA Y GRATINADA

SI UNA FRUTA DE HUESO SE ASA A FUEGO FUERTE Y SE HORNEA DESPACIO, ¡SE CONSIGUEN UNOS SABORES INCREÍBLES!

**PARA 8 PERSONAS**
**38 MINUTOS**

2 kg de frutas de hueso variadas, como melocotón, nectarina, albaricoque, ciruela, cereza

1 cucharada de reducción de vinagre balsámico

miel líquida

unas ramitas de romero

6 galletas amaretti pequeñas

100 g de pistachos sin cáscara y sin sal

500 g de requesón (frío)

1 limón

**1** Precalentar el horno a 180 °C y poner una plancha a fuego alto.

**2** Partir la fruta y deshuesarla, regarla con un chorrito de aceite de oliva y ponerla con el corte hacia abajo en una plancha caliente durante 2 minutos o hasta que quede marcada. Trabajar en tandas y, a medida que esté asada, ir pasando la fruta a una fuente refractaria en la que quepa justa. Si se usan cerezas, no es necesario pasarlas por la plancha.

**3** Regar la fruta con el vinagre balsámico (sí, confía en mí), junto con 2-4 cucharadas de miel, en función de lo madura que esté la fruta, y añadir las hojas del romero. Asar durante 20 minutos o hasta que la fruta esté cocida al gusto; puedes dejarla blanda o sin que pierda su forma.

**4** Triturar bien las galletas y los pistachos en un robot de cocina y reservar. Poner el requesón en el robot (no hace falta limpiarlo) con 3 cucharadas de miel, rallar fina la piel del limón, añadir un chorrito del zumo y triturar hasta obtener una crema brillante de textura uniforme. Pasarla a un plato de servir.

**5** En la mesa, extender un poco del requesón dulce en un plato, disponer encima algo de fruta y esparcir por último la mezcla de pistacho.

## VARIACIONES FÁCILES

En esta receta se puede utilizar cualquier fruta de hueso de temporada, e incluso admite manzanas, peras, ruibarbo o, lo creas o no, piña.

| CALORÍAS | GRASAS | GR. SAT. | PROTEÍNAS | CARBOH. | AZÚCAR | SAL | FIBRA |
|---|---|---|---|---|---|---|---|
| 260 kcal | 12,7 g | 4,1 g | 10,4 g | 27,7 g | 27,3 g | 0,2 g | 1,2 g |

# RECETA FIABLE DE MASA QUEBRADA

**DOMINAR LA TÉCNICA DE LA MASA QUEBRADA ABRE TODO UN MUNDO DE POSIBILIDADES PARA EL POSTRE**

**PARA 1 KG APROX.**
**10 MINUTOS, MÁS REPOSO**

500 g de harina, y un poco más
    para espolvorear

100 g de azúcar glas

250 g de mantequilla sin sal fría

2 huevos grandes

1 cucharadita de pasta
    de vainilla

**1** Tamizar la harina y el azúcar glas en un bol grande. Cortar la mantequilla en dados, echarla en el bol y mezclar con los dedos hasta que todos los ingredientes se integren y se consiga una textura arenosa (si se prefiere, utilizar un robot de cocina).

**2** Batir los huevos con la vainilla. Luego, con un tenedor o con las manos, incorporarlo a la mezcla de harina hasta formar una bola de masa. Si se nota muy húmeda, espolvorear un poco de harina. Es importante no trabajar demasiado la masa en este punto o quedará elástica y gomosa; tiene que ser una textura desmenuzable.

**3** Cortar la masa por la mitad. Si no se usa inmediatamente, envolverla bien y meterla en la nevera o en el congelador para otro día (se conserva hasta 3 días en la nevera y 3 meses en el congelador). En este punto, se puede convertir la masa en lo que se quiera. Se le puede dar cualquier forma y cocinarla (página 262), extenderla para forrar moldes de tartaletas, hornearla en blanco y congelarla, o utilizar esas bases para crear una receta deliciosa (páginas 264 y 266).

# TARTA DE FRESAS Y VINAGRE BALSÁMICO

**SOLO 7 INGREDIENTES: ESTA TARTA ALGO DESALIÑADA ES FACILÍSIMA, LLAMA LA ATENCIÓN Y HUELE QUE ALIMENTA**

**PARA 6 PERSONAS**
**PREPARACIÓN: 10 MINUTOS**
**COCCIÓN: 25 MINUTOS**

½ porción de receta fiable de
masa quebrada (página 260)

500 g de fresas maduras

2 cucharadas de reducción
de vinagre balsámico

4 cucharadas de azúcar
extrafino

2 cucharadas de harina de maíz

4 cucharadas de almendra
molida

1 huevo

**1** Precalentar el horno a 200 °C. Preparar la masa, enharinar ligeramente una hoja grande de papel de horno y extender la masa en una forma oval aproximada de algo menos de ½ cm de grosor. Pasar el papel con la masa a una fuente para el horno poco profunda.

**2** Retorcer los tallos de las fresas para retirarlos y mezclar las fresas enteras con el vinagre balsámico, el azúcar y la harina de maíz. Esparcir las almendras por el centro de la masa y disponer las fresas aliñadas encima, incluido el jugo.

**3** Con las manos, recoger la masa y cerrarla sobre las fresas, como se ve en la foto, asegurándose de que toda la fruta queda dentro. Batir el huevo, pintar con él todo el borde de la masa y hornear en la parte inferior del horno durante 25 minutos o hasta que esté dorada y crujiente.

**4** Servir la tarta enseguida, acompañada de helado, nata, natillas de tarrina o crème fraîche, y echar por encima los jugos que pueda haber en la fuente.

| CALORÍAS | GRASAS | GR. SAT. | PROTEÍNAS | CARBOH. | AZÚCAR | SAL | FIBRA |
|---|---|---|---|---|---|---|---|
| 459 kcal | 22,9 g | 11,8 g | 7,9 g | 59,1 g | 27 g | 0,1 g | 4,5 g |

# TARTALETAS INDIVIDUALES DE MASCARPONE

**ESTAS TARTALETAS SON DELICIOSAS Y TE DIVERTIRÁS DECORÁNDOLAS CON TUS INGREDIENTES FAVORITOS**

**PARA 10-12 UNIDADES**

**25 MINUTOS, Y ALGO MÁS PARA ENFRIAR Y DECORAR**

½ porción de receta fiable de masa quebrada (página 260)

2-4 cucharadas de azúcar glas

500 g de queso mascarpone

1 cucharadita de pasta de vainilla

las decoraciones que se prefieran (ver paso 4)

**1** Precalentar el horno a 180 °C. Elaborar la masa y, en una superficie ligeramente enharinada, extenderla hasta que tenga 2-3 mm de grosor. Cortar círculos 1 cm más grandes que los moldes y forrarlos; con esta cantidad salen 10 tartaletas de 10 cm, aunque también se puede utilizar un molde para magdalenas con 12 agujeros. La masa que vaya sobrando se puede volver a extender y cortar para aprovecharla.

**2** Forrar cada círculo de masa con papel de horno humedecido y arrugado en una bola, rellenarlo con arroz y hornear en blanco en el centro del horno durante 15 minutos. Luego, retirar el arroz y el papel y hornear 5 minutos más, o hasta que las bases se doren y tengan una textura como de galleta. Dejar enfriar.

**3** Tamizar el azúcar glas (la cantidad dependerá de lo dulces que sean las decoraciones), mezclarlo con el mascarpone y la vainilla y repartir entre las tartaletas ya frías.

**4** Ahora llega el paso más divertido: ¡decorarlas! No te cortes, usa fruta fresca de temporada, en conserva o congelada, mermeladas, cremas, compotas, cremas de frutos secos, chocolate derretido o rallado y frutos secos. Se les puede dar un toque clásico, lógico, atrevido o nostálgico, ¡lo que cada uno quiera! Incluso se puede instalar un rincón con varios ingredientes y que cada comensal decore su tartaleta al gusto.

| CALORÍAS | GRASAS | GR. SAT. | PROTEÍNAS | CARBOH. | AZÚCAR | SAL | FIBRA |
|---|---|---|---|---|---|---|---|
| 362 kcal | 4,6 g | 25,5 g | 9,4 g | 25,5 g | 9,4 g | 0,1 g | 0,6 g |

# TARTA DE MAZAPÁN CON CHOCOLATE Y CEREZAS

**LAS CEREZAS Y EL CHOCOLATE CASAN A LA PERFECCIÓN; CON UNA MASA DE TEXTURA DESMENUZABLE ES UNA APUESTA SEGURA**

**PARA 14 RACIONES**

**PREPARACIÓN: 50 MINUTOS**

**COCCIÓN: 1 HORA, Y ALGO MÁS PARA ENFRIAR**

1 porción de receta fiable de masa quebrada (página 260)

500 g de cerezas sin hueso congeladas

20 g de harina de maíz

175 g de azúcar extrafino

½ naranja

opcional: 50 ml de whisky

100 g de mantequilla sin sal a punto de pomada

3 huevos grandes

100 g de almendra molida

1 cucharada de harina

3 cucharadas de cacao en polvo

1 cucharada de azúcar demerara

**1** Precalentar el horno a 180 °C. Elaborar la masa, partirla en dos y, en una superficie enharinada, extender una porción hasta que tenga algo menos de ½ cm de grosor. Enrollar la masa alrededor del rodillo sin apretarla y desenrollarla sobre un molde para tartas desmontable de 25 cm, encajarla con cuidado por todo el borde y recortar lo que sobre. Refrigerar durante 15 minutos.

**2** En un cazo, mezclar las cerezas congeladas, la harina de maíz, 75 g del azúcar extrafino, la ralladura y el zumo de la naranja, y el whisky si se usa. Llevar a ebullición y hervir a fuego lento durante 2 minutos o hasta que espese, y dejar enfriar.

**3** Sacar de la nevera el molde con la base y forrarlo con una hoja de papel de horno humedecida y arrugada en una bola, procurando que llegue bien a los bordes. Rellenarlo con arroz y hornearlo en blanco en el centro del horno durante 15 minutos. Retirar con cuidado el arroz y el papel y hornear 5 minutos más.

**4** Estirar la otra porción de masa hasta que tenga algo menos de ½ cm de grosor, cortarla en tiras, taparlas (sin apretar mucho) para evitar que se sequen y reservar.

**5** Para el mazapán, batir la mantequilla con los 100 g de azúcar restantes, 2 huevos, las almendras, la harina y el cacao, y extender por la base de la tarta.

**6** Verter por encima las cerezas enfriadas, extendiéndolas hasta los bordes, y disponer las tiras de masa entrelazándolas para cubrir casi todo el relleno y apretando los bordes para sellarlas. Recortar lo que sobre, batir el huevo restante, pintar la parte superior de la tarta y espolvorear el azúcar demerara.

**7** Hornear en la parte central del horno durante 40 minutos o hasta que esté dorada y con textura de galleta. Dejar reposar 20 minutos antes de servir.

| CALORÍAS | GRASAS | GR. SAT. | PROTEÍNAS | CARBOH. | AZÚCAR | SAL | FIBRA |
|---|---|---|---|---|---|---|---|
| 494 kcal | 27,6 g | 14,3 g | 8,3 g | 56,9 g | 26,8 g | 0,1 g | 1,4 g |

# SIMPLEMENTE ÚTIL

## APOSTAR POR LA CALIDAD Y LOS PRODUCTOS DE TEMPORADA

Usar ingredientes de calidad se reflejará en el éxito de las recetas. He intentado reducir al mínimo los ingredientes, lo que es una buena excusa para comprar lo mejor que encuentres, ya sea verduras, carne o pescado. Si compras los productos de temporada, tu comida será más rica y más asequible. En cuanto a las frutas y verduras, lávalas bien antes de empezar a cocinar, sobre todo si las usas crudas. Donde más se nota la calidad es en salchichas, carnes curadas, queso, alubias y garbanzos en tarro, tomates pera en lata, aceite de guindilla con sésamo y trozos de cacahuete, sal marina, miel y chocolate negro.

## HABLEMOS DEL PESCADO Y EL MARISCO

El pescado y el marisco son una fuente de proteínas deliciosa, pero desde el mismo momento en que se pescan, su calidad empieza a disminuir; por tanto, procura que entre la compra y el consumo transcurra el menor tiempo posible. No aconsejo guardarlos en el frigorífico durante días; en ese caso, es mejor comprarlos congelados. Mi recomendación es planificar las comidas con pescado y marisco en función de los días en los que vas a comprar. Siempre que puedas, elige pescados procedentes de la pesca sostenible certificada (etiqueta azul MSC) o pide consejo en tu pescadería. Ve variando las opciones y escoge pescados de temporada y sostenibles. Si solo encuentras pescado de piscifactoría, busca la etiqueta ASC (pescado de acuicultura responsable certificada), que garantiza que procede de fuentes responsables.

## CARNE Y HUEVOS

Si se apuesta por comer carne, desde luego abogo por prácticas ganaderas que busquen el bienestar animal, que ofrezcan carne ecológica de animales criados en libertad, en un ambiente sin estrés y que hayan tenido una vida saludable. Como todo en la vida, se paga más por la calidad, pero creo que se pueden incluir cortes baratos de carne en los menús semanales con solo un poco de planificación. Si se opta por consumir otras proteínas de calidad, mis recetas con menos carne o vegetarianas darán algunas ideas. Para comprar algunos de los cortes incluidos en este libro deberás ir a una carnicería, algo que no puedo dejar de recomendar: siempre dan buenos consejos, traen cortes especiales por encargo y te venderán los pesos exactos que necesitas. A menos que sea esencial para una receta, no especificamos el tamaño de los huevos. De manera natural, las gallinas ponen huevos de todos los tamaños; para apoyar el bienestar de los animales, busca cartones con tamaños mezclados. En cuanto a los huevos y cualquier alimento que los contenga, como pasta o mayonesa, siempre de corral o ecológicos.

## MÁS LÁCTEOS

Los productos lácteos básicos, como la leche, el yogur y la mantequilla, deben ser ecológicos en la medida de lo posible. A diferencia de la carne, no salen mucho más caros, pero son del todo recomendables. Además, comprando ecológico apuestas por el bienestar de los animales y un mejor cuidado de la tierra.

# NOTAS SOBRE COCINA

## ORGANIZACIÓN DEL FRIGORÍFICO

A la hora de organizar la nevera, recuerda que la carne y el pescado crudos deben envolverse bien y colocarse en el estante inferior para evitar la contaminación cruzada. Cualquier alimento que esté listo para comer, tanto cocinado como crudo, debe guardarse en un estante superior.

## EL CONGELADOR ES TU MEJOR ALIADO

Sin lugar a dudas, un congelador bien abastecido será tu mejor aliado, y aquí recojo algunas reglas básicas para utilizarlo bien. Si cocinas grandes cantidades de comida, recuerda dejarla enfriar antes de congelarla. Divídela en porciones para que se enfríen más rápido y mételas en el congelador antes de que hayan transcurrido 2 horas. Comprueba que todo esté bien envuelto y etiquetado para localizarlo después. Descongélalo en el frigorífico y utilízalo antes de 48 horas. Si has congelado alimentos cocinados, no vuelvas a congelarlos después de haberlos recalentado o descongelado. Desde el punto de vista nutricional, congelar frutas y verduras poco después de recolectarlas conserva el valor nutritivo de forma muy eficiente, superando a menudo a sus equivalentes frescos, que quizá lleven tiempo en la cadena de suministro. En este libro verás que he utilizado verduras congeladas (¡me encantan!), son prácticas y se consiguen fácilmente.

## SABOR AL MÁXIMO

En este libro uso muchas «bombas de sabor», ingredientes fáciles de conseguir con los que añadir máximo sabor sin perder tiempo. Me gustan las salsas como harissa, miso, gochujang, pesto, tahini y muchas pastas de curri. Entre los ingredientes en salmuera destacan los tarros de pimientos rojos asados, las aceitunas y las alcaparras. En aceite, las anchoas, los corazones de alcachofa y los tomates secos. Uno solo de estos ingredientes ya potencia el sabor de un plato. Me gustan las mezclas de especias como dukkah, curri y pimentón; frutos secos, frutas desecadas y semillas; condimentos más picantes como la mostaza, los aceites de guindilla, las salsas de guindilla y el chutney de mango. Todos ellos marcan la diferencia. Garantizan el sabor y la textura, educan el paladar y ahorran mucho tiempo de preparación. La mayoría no son perecederos, por lo que no hay prisa por consumirlos enseguida.

## LA CLAVE: LAS HIERBAS AROMÁTICAS FRESCAS

Las hierbas frescas son un regalo para cualquier cocinero. En lugar de comprarlas, ¿por qué no las cultivas en el jardín o en una maceta en el alféizar de la ventana? Las hierbas te permiten añadir un sabor único a un plato sin necesidad de que sean de temporada, lo que es bueno para todos. Además, aportan todo tipo de cualidades nutricionales increíbles, y eso nos gusta. Y no hay que olvidar las hierbas secas; no sustituyen a las frescas, simplemente son distintas. Por fortuna, siguen conservando mucho de su valor nutritivo, pero es el cambio drástico de sabor que aportan lo que nos resulta útil a los cocineros. Además, no son perecederas, y es muy práctico tenerlas listas para utilizarlas. Por nombrar algunas, las que siempre tengo en mi despensa son: orégano, eneldo, romero, menta y tomillo.

## HORNO Y FREIDORA DE AIRE

Todas las recetas se han previsto para hornos con ventilador. Las equivalencias para hornos convencionales, de gas y en grados Fahrenheit están en internet. Las recetas con freidora de aire se probaron en una de 4,2 litros. Cada modelo es distinto y el resultado también lo será.

# UNOS APUNTES DEL EQUIPO DE NUTRICIONISTAS DE JAMIE

Nuestro trabajo consiste en comprobar que todas las recetas de Jamie, por muy creativas que sean, cumplan las pautas que hemos establecido. Cada libro nace de una premisa distinta; la de *Simplemente Jamie* ha sido hacer más fácil la hora de la comida cada día de la semana. Salvo el capítulo de dulces y algunos ingredientes, como los aliños, el 70 % son recetas que puedes preparar cada día según nuestras pautas. En algunos casos, las recetas no constituyen una comida completa, por lo que tendrás que añadir lo que les falte; la información que incluimos a continuación ayudará al respecto. Para que puedas elegir con criterio, en cada receta hemos incluido la información nutricional correspondiente a una porción. También queremos inspirar una forma de comer más sostenible, por lo que el 65 % de las recetas son sin carne o con menos carne (es decir, contienen al menos un 30 % menos de carne que una ración normal). La comida es divertida, alegre, creativa. Nos proporciona energía y es crucial para mantener la salud. Recuerda que llevar una dieta nutritiva, variada y equilibrada y hacer ejercicio con regularidad son las claves de un estilo de vida saludable. No clasificamos los alimentos en «buenos» y «malos»; hay cabida para todos. Pero es importante entender la diferencia entre los alimentos nutritivos de consumo diario y los ocasionales. Si deseas más información sobre nuestras pautas y sobre cómo analizamos las recetas, visita la web jamieoliver.com/nutrition.

Rozzie Batchelar. Jefa de Nutrición, RNutr (alimentación)

# UNA DIETA EQUILIBRADA

Cuando hablamos de comer bien, el equilibrio es la clave. Si sabes equilibrar tus comidas y mantener las raciones bajo control, estarás en el camino hacia la buena salud. Es importante consumir una gran variedad de alimentos a fin de disponer de los nutrientes que nuestro cuerpo necesita para mantenerse sano. No es imprescindible ser riguroso cada día; solo hay que tratar de conseguir el equilibrio a lo largo de la semana. Como guía general, si la carne y el pescado forman parte de tu dieta, en las comidas principales debes incluir como mínimo dos porciones de pescado a la semana, uno de ellos de pescado azul, y hacer el resto de las comidas principales con verduras, algo de ave de corral y un poco de carne roja. Una dieta vegetariana estricta también puede ser perfectamente sana.

# QUÉ ES EL EQUILIBRIO

La guía Eatwell del Gobierno del Reino Unido muestra cómo debería ser una dieta saludable y equilibrada. En esta tabla encontrarás los porcentajes de cada grupo de alimentos que deberías comer en un día.

| LOS CINCO GRUPOS DE ALIMENTOS | PORCENTAJE |
|---|---|
| Frutas y verduras | 40 % |
| Carbohidratos complejos (pan, arroz, patatas, pasta) | 38 % |
| Proteínas (carne magra, pescado, huevos, legumbres, otras fuentes no lácteas) | 12 % |
| Productos lácteos, leche y alternativas a los lácteos | 8 % |
| Grasas no saturadas (como aceites) | 1 % |
| Y NO TE OLVIDES DE BEBER MUCHA AGUA | |

Intenta consumir solo ocasionalmente alimentos y bebidas con alto contenido en grasas, sal o azúcar.

# FRUTAS Y VERDURAS

Para llevar una vida saludable, las frutas y las verduras deben ocupar un lugar central en tu dieta. Se presentan bajo todo tipo de formas, colores, tamaños, sabores y texturas, y contienen muchas vitaminas y minerales, esenciales para que nuestro cuerpo se mantenga sano, por lo que la variedad es la clave. Mezcla tantos como puedas y que sean de temporada, para asegurarte de que están en su mejor momento y son más nutritivos. El mínimo imprescindible es tomar al menos 5 porciones de frutas y verduras cada día (frescas, congeladas o enlatadas) y aumentar esta cantidad siempre que sea posible. Se considera una porción 80 g o un puñado grande. También cuentan como una de esas 5 porciones 30 g de fruta deshidratada, 80 g de legumbres o 150 ml de zumo de verdura o fruta, sin azúcar añadido, al día.

# CARBOHIDRATOS COMPLEJOS

Nos proporcionan buena parte de la energía necesaria para movernos y para dar a nuestros órganos el combustible que precisan para funcionar. De ser posible, opta por variedades integrales, más ricas en fibra. Para un adulto medio se recomiendan 260 g de carbohidratos al día; un máximo de 90 g pueden proceder de azúcares totales, como los naturales de las frutas enteras, la leche y los productos lácteos; y un máximo de 30 g de azúcares libres, que son los que se añaden a los alimentos y bebidas, y también el azúcar de la miel, los siropes, los zumos y los batidos de frutas. La fibra también se considera un carbohidrato y se encuentra principalmente en los alimentos de origen vegetal, como los cereales integrales, las frutas y las verduras; ayuda a mantener sano el sistema digestivo y a controlar el nivel de azúcar y colesterol en sangre. Los adultos deben ingerir 30 g de fibra al día como mínimo.

# PROTEÍNAS

Son los ladrillos que componen nuestro cuerpo, y se utilizan para desarrollarlo y repararlo. Procura que tus proteínas sean variadas e incluyan más legumbres y dos raciones de pescado de origen sostenible a la semana (una de ellas pescado azul). En cuanto a la carne, elige cortes magros y reduce el consumo de carnes rojas y procesa-

das. Las alubias, los guisantes y las lentejas son excelentes alternativas a la carne porque son naturalmente bajos en grasa y, además de proteínas, contienen fibra y algunas vitaminas y minerales. Otras fuentes de proteína nutritivas son el tofu, los huevos, los frutos secos y las semillas. ¡La clave está en la variedad! La cantidad óptima en personas de 19 a 50 años es de 45 g al día para las mujeres y 55 g para los hombres.

# LÁCTEOS, LECHE Y SUS ALTERNATIVAS

Aportan una gran variedad de nutrientes, pero deben consumirse en las cantidades adecuadas. Es mejor optar por la leche, el yogur y pequeñas cantidades de queso, todo orgánico. Las variedades de bajo contenido en grasa (sin azúcar añadido) también son buenas alternativas. Si se eligen las versiones de origen vegetal, se recomiendan las enriquecidas y sin azúcar añadido, con calcio, yodo y vitamina B12 en la lista de ingredientes, para no perder los nutrientes clave que aportan los lácteos.

# GRASAS NO SATURADAS

Se necesitan en pequeñas cantidades, pero tienen que ser saludables. Si es posible, procedentes de fuentes no saturadas, como aceites de oliva y vegetales, frutos secos, semillas, aguacate y pescado azul rico en omega-3. En general, se recomienda que una mujer media no tome más de 70 g de grasa al día (de los que menos de 20 g pueden ser saturadas) y un hombre medio, no más de 90 g (menos de 30 g de saturadas).

# BEBE AGUA ABUNDANTE

Para dar lo mejor de ti mismo, debes mantenerte hidratado. ¡El agua es esencial para la vida y para todas las funciones del cuerpo humano! En general, con más de 14 años se necesitan al menos 2 litros al día en el caso de las mujeres y al menos 2,5 litros al día para los hombres.

# INFORMACIÓN CALÓRICA Y NUTRICIONAL

Una mujer media necesita 2.000 calorías al día, unas 2.500 en el caso de los hombres. Estas cifras son solo una guía, pues lo que ingerimos debe determinarlo la edad, la constitución, el estilo de vida y el nivel de actividad.

# SIMPLEMENTE

En todas las circunstancias de la vida, las personas que nos rodean nos animan y nos hacen mejores, y desde luego este es el caso del increíble equipo que me apoya en la creación, la producción y la promoción de mis libros de cocina. Cada uno de ellos aporta algo al proceso y tengo la inmensa suerte de trabajar con personas cuyos puntos fuertes complementan los míos y suplen mis carencias. Así que, como siempre, me gustaría empezar expresando mi gratitud a todos los que aparecen en estas páginas.

En primer lugar está mi querido equipo culinario, que desempeña un papel primordial en la creación de las recetas y las incesantes pruebas de cada una de ellas, y me apoya en las sesiones fotográficas que dan vida a mis libros. Les da constancia Ginny Rolfe, que forma parte del mobiliario tanto como yo y que es mi segundo cerebro culinario. Mi cariño también para Joss Herd, Anna Helm Baxter, Ben Slater, Rachel Young, Sharon Sharpe, Maggie Musmar, Becky Wheeldon, Laura McLeish, Tilly Wilson y Helen Martin, todos ellos de gran talento. En mi fiel equipo culinario también se incluye el genio Pete Begg y el incondicional Bobby Sebire, a quienes no puedo dejar de dar las gracias. Y tenemos la suerte de contar también con un estupendo equipo culinario de colaboradores autónomos. Todos mis respetos a Maddie Rix, Isla Murray, Sophie Mackinnon, Hattie Arnold, Holly Cowgill, George Stocks y Christina Mackenzie.

Mi nutricionista en jefe, Rozzie, reina de los pasteles Batchelar, me inspira para que mis libros se basen en una nutrición sólida y un planteamiento inteligente en torno a la salud y la nutrición, y Lucinda Cobb aporta la información técnica sobre seguridad alimentaria, normas alimentarias, ganadería y ética.

En cuanto a las palabras (¡y mucho más!), todo mi cariño para mi editora jefe, Rebecca Verity, las encantadoras Beth Stroud, Jade Melling y Ruth Tebby y al resto del equipo. Gracias por lo que hacéis, con paciencia y entusiasmo.

No puedo dejar de mencionar a mi icono de estilo y director creativo, James Verity, al talento que acaba de incorporarse, Davina Mistry, y al resto del equipo de diseño. Plasmasteis a la perfección las ideas.

En la fotografía, ha sido una alegría y un placer trabajar únicamente con mi querido amigo David Loftus. Gracias por ayudar a que este libro tenga un estilo tan singular y bonito. Gracias también a su ayudante, Richard Bowyer, por el apoyo y las risas.

En mi editorial, Penguin Random House, hay muchísimas personas importantes a las que dar las gracias. Todo el proceso es un gran rompecabezas y siento un gran respeto por el complejo trabajo que hacéis. A los veteranos, Tom Weldon y Louise Moore, y a Elizabeth Smith,

# GRACIAS

Clare Parker, Tom Troughton, Ella Watkins, Alicia Jackson, Juliette Butler, Katherine Tibbals, Lee Motley, Sarah Fraser, Nick Lowndes, Christina Ellicott, Laura Garrod, Kelly Mason, Emma Carter, Hannah Padgham, Chris Wyatt, Tracy Orchard, Chantal Noel, Anjali Nathani, Kate Reiners, Tyra Burr, Joanna Whitehead, Madeleine Stephenson, Lee-Anne Williams, Jessica Meredeen, Sarah Porter, Grace Dellar, Stuart Anderson, Anna Curvis, Akua Akowuah, Samantha Waide, Richard Rowlands y Carrie Anderson.

Sin olvidar a la siempre fiel Annie Lee, además de Jill Cole, Emma Horton y Ruth Ellis.

Siempre agradezco el increíble apoyo que mis libros reciben por parte del equipo de Jamie Oliver oficial. Por mencionar a quienes están directamente implicados, gracias al equipo de marketing y relaciones públicas, Rosalind Godber, Michelle Dam, Clare Duffy, Tamsyn Zeitsman y Lydia Waller. Gracias a Letitia Becher, Bryony Palmer y al equipo social, Rich Herd y el resto del equipo de producción de vídeo (VPU). En el equipo financiero, mi agradecimiento a Pamela Lovelock, Therese MacDermott y John Dewar. Todo mi afecto para Giovanna Milia y el equipo legal, y también a los equipos de personal, operaciones, promoción y distribución e infraestructura.

Cuento con un grupo leal y comprometido de catadores de oficina, que cocinan estas recetas en casa para asegurarse de que realmente funcionan; mi cariño para todos vosotros.

Gracias en especial a mi director ejecutivo, Kevin Styles, mi ilustre subdirectora Louise Holland, mi espléndida directora de comunicación, Zoe Collins, y mi asistente ejecutiva favorita, Ali Solway.

En cuanto al programa de televisión —y sé que os encantará el que acompañará a este libro—, mil gracias a los pilares de mi mundo televisivo por su energía y optimismo: Sean Moxhay, Sam Beddoes y Katie Millard. A Delia Williams, Ed St Giles, Amanda Doig-Moore y Renzo Luzardo. Y a Cliff Evans, Dave Minchin, Callum Woodward, Mike Sarah y Prarthana Peterarulthas. Gracias a Tobie Tripp por las canciones. Y a Tim Hancock y al equipo de Channel 4 y de Fremantle, ¡ya sabéis quiénes sois!

Todo mi cariño también para mis queridas Julia Bell, Lima O'Donnell y Violet Cannon; gracias por todo lo que hacéis.

Y a mi familia, Jools, Pops, Daisy, Petal, Buds y River, a mis padres, a Gennaro y al resto de mi equipo base, gracias por acompañarme en este viaje. Os quiero.

# ÍNDICE

Las recetas marcadas con una **V** son aptas para vegetarianos. En algunos casos tendrás que sustituir el queso, como por ejemplo el parmesano, por una alternativa vegetariana.

## A — — — — — — — — — — — — — — — — — — —

# CH - - - - - - - - - - - - - - - - - - - - - -

# Q - - - - - - - - - - - - - - - - - - - - -

Para obtener una lista de todas las recetas vegetarianas, veganas, sin lácteos o sin gluten de este libro, consulta:

jamieoliver.com/SimplyJamie/reference

# LIBROS DE JAMIE OLIVER

# ¿QUIERES MÁS?

Para encontrar consejos prácticos sobre nutrición, así como vídeos, artículos, sugerencias, trucos e ideas sobre diversos temas, montones de recetas fantásticas y mucho más, consulta:

### JAMIEOLIVER.COM    #SIMPLYJAMIE

Papel certificado por el Forest Stewardship Council®

Título original: *Simply Jamie*

Publicado por primera vez en el Reino Unido en 2024 por Michael Joseph.
Michael Joseph forma parte del grupo de empresas Penguin Random House.

Primera edición: octubre de 2024

Impreso en Italia por Graphicom S. p. A.

ISBN: 978-84-253-5986-6
Depósito legal: B-12.882-2024

Compuesto en M. I. Maquetación, S. L.

GR 5 9 8 6 A
www.jamieoliver.com

# GRACIAS

Gracias por comprar mi libro de cocina. Con ello contribuyes a mi programa Ministry of Food, cuyo objetivo es enseñar a cocinar a un millón de personas de aquí a 2030.

**Más información en: jamieoliver.com**